KB097005

# 아스피린
# 한 병의 사랑

# 아스피린 한 병의 사랑

초판 1쇄 찍은 날 · 2006년 8월 1일 | 초판 1쇄 펴낸 날 · 2006년 8월 4일

**지은이** · 백창남 | **펴낸이** · 김승태

**편집장** · 김은주 | **편집** · 이덕희, 정은주, 권희중 | **디자인** · 이훈혜, 노지현
**영업** · 변미영, 장완철 | **물류** · 조용환
**드림빌더스** · 고종원, 이민지 | **홍보** · 설지원

**등록번호** · 제2-1349호(1992. 3. 31.) | **펴낸 곳** · 예영커뮤니케이션
**주소** · (110-616) 서울 광화문우체국 사서함 1661호 | **홈페이지** www.jeyoung.com
**출판사업부** · T. (02)766-8931 F. (02)766-8934 e-mail: jeyoungedit@chol.com
**출판유통사업부** · T. (02)766-7912 F. (02)766-8934 e-mail: jeyoung@chol.com

copyright ⓒ 2006, 백창남

ISBN 89-8350-697-0 (03040)

**값** 10,000원

# 아스피린 한 병의 사랑

**백창남** 지음

예영커뮤니케이션

# 다양한 삶과 소통을 시도한다

우리는 옛날에 비해서 수많은 의사 전달 방법과 소통 기구가 고도로 발달된 시대를 살고 있습니다. 컴퓨터와 초고속 전송망에 기반을 둔 쌍방향 미디어나 유비쿼터스 모바일 통신, 정보의 유통이 자유로운 인터넷을 통해 새로운 소통의 시대를 열었다는 평가를 받기도 합니다.

하지만 아이러니컬하게도 시공을 넘나드는 디지털 유통의 시대에 우리는 오히려 더 힘겨운 소통의 단절을 겪고 있습니다. 이런 가운데 목회자가 매 주일 자신의 진솔한 마음과 생각을 담은 글을 교우들에게 띄운다는 것은 교회 내에 의사소통의 한계를 극복하고자 하는 열정이 없이는 어려운 일입니다.

이 책은 로스엔젤레스 한가족 교회를 담임하고 있는 백창남 목사님이 매주 주보를 통해 성도들에게 보낸 사랑의 통신입니다. 보통 주보에 연재하는 글은 분량도 많지 않고 주제도 제한적인데 백목사님의 글은 이런 선입견을 뛰어 넘습니다.

일단 글의 분량이 주보에 연재한 글 치고는 상당하고, 3년여 동안 연재한 글들의 다양한 주제 또한 놀랍습니다. 무한한 교훈을 주는 고전과 역사 속에서 예리하게 찾아낸 주제들, 감동을 주는 영화나 드라마 속에서 찾아낸 영감 있는 교훈들, 그리고 미국에서 목회를 하면서 관찰할 수 있었던 특별한 이야기는 매우 감동적입니다.

백목사님의 이런 깊이 있는 세계관과 시사時事를 다루는 혜안을

5

접할 수 있게 된 것이 기쁘고 반갑습니다. 이 책을 통해 우리는 이미 지나간 시대의 역사가 지금 현대인들의 삶과 어떻게 연결되는지 보게 됩니다. 세계 곳곳에 살고 있는 다양한 사람들의 삶이 여기 우리들에게 교훈이라는 데이터망을 통해 소통을 시도하고 있음을 발견합니다.

지금 이 시대, 우리 사회의 다양하고 혼란스러운 가치들이 성경적 세계관과의 소통을 통해 정리될 수 있음을 깨닫게 됩니다. 역사와 시대와 사회 속에서 단절을 넘어 소통하고 이해하는 법을 알기 원하는 모든 이들에게 이 사랑의 통신을 기쁘게 추천합니다.

2006년 7월
사랑의 교회 오정현 목사

# 구슬을 빛나게 하는 '꿰는 수고'

우리가 살고 있는 현대는 정보가 넘쳐나는 시대입니다. 미디어와 인터넷을 통해 접할 수 있는 지식의 양은 바다의 모래와 같이 많습니다. 과거에는 생각할 수도 없었던 호사豪奢를 누리면서 동시에 그 많은 정보를 걸러내야 하는 어려움도 짊어져야 합니다.

'구슬이 서말이라도 꿰어야 보배' 라는 말은 '꿰는 수고' 가 있을 때 비로소 '구슬' 을 빛나게 할 수 있다는 말이고, 그 구슬이 세말 정도가 아니라 수십, 수백 섬이라면 그 수고는 심각한 노동이 됩니다.

이 책은 저자가 미국에서 3년여 동안 교회 담임목사로 섬기면서 쓴 글을 모아 펴낸 것입니다. 불분명하고 허망한 목적으로 아까운 종이만 낭비하는 것이 될까봐 생각을 거듭했고, 정보의 홍수 속에서 오늘도 분류작업으로 노역(?) 중인 사람에게 짐 하나를 더 얹어주는 것은 아닐까 재고했습니다.

그러나 사도 바울이 에베소 교회를 위하여 사역한 것을 추억하면서 "교회에 유익한 것이라면 무엇이든지, 어디서든지 거리낌없이 전하여 가르쳤다, You know that have not hesitated to preach anything that would be helpful to you but have taught you publicly and from house to house(행 20장 20절)." 는 말씀에서 생각을 정리했습니다.

처음 교회 내에서 전도용 소책자로 사용하던 것이 한 해 두 해

지나면서 세 권의 글 묶음이 되고, 적지 않은 칭찬과 격려 때문에 책을 펴낼 용기를 냈습니다. 유익할 것이라는 확신 속에서요.

필자가 처음 미국에 공부하러 온 것은 1986년, 한국에서 M. Div.를 마친 후였습니다. 나름대로의 꿈이 있었지만 유학생의 현실의 벽은 높았습니다. 기저귀를 찬 어린 아들과 아내를 가진 가장이 학업에만 힘을 쏟을 수는 없었고, 학업의 최종 목표인 교회에서의 사역도 외면할 수 없었습니다.

여러 사정 가운데 결국 3년 만에 학위를 다 마치지 못하고 귀국하게 되었는데 그 때의 씁쓸한 마음에 위안이 되었던 것은 강의실에서 얻을 수 없었던, 삶의 현장을 보았던 것들입니다. 틈틈이 했던 아르바이트와 변함없이 섬겨야 했던 교회 사역을 통해 수많은 사람들을 만났고, 그들과 나눈 삶은 소중한 경험들이었습니다. 돌이켜보면 그 시절은 유학留學이 아닌 유학遊學이었고, "인생이 나그네와 행인 같다"는 성경 말씀을 실감하며 떠도는 기간이었습니다.

이후 한국에 돌아가 10여 년 동안 목회를 하면서, 따내지 못한 학위 대신 채워주신 은혜 중에 하나는 여전한 학구열입니다. 그것이 비록 성취하지 못한 것에 대한 보상심리일지라도 목회자로서의 시야를 넓혀주고, 현장감을 갖게 하는 계기가 되었습니다.

이 책은 2000년 가을, 필자가 다시 미국으로 건너와서 학업을 계속하며 교포 교회 담임목사로 사역하면서 쓴 글을 모은 것입니다. 두 번에 걸친 유학과 미국에서 산 이야기들, 그 중에 영화 이야기와 미국이나 캐나다 지명에 관한 글은 모두 직접 경험한 것들입니다.

유학遊學으로 다져진(?) 필자는 한 때 아르바이트로 미국 동부와

서부를 횡단하는 대형 트레일러 운전기사로 일했는데 알래스카와 하와이를 제외한 48개 주 곳곳을 다니면서 미국을 보았습니다. 미국을 소개하는듯한 글들은 그렇게 나온것입니다. 이민 온 지 30년이 넘은 자기보다 미국을 더 많이 안다고 말씀해 주는 분도 있었고, 미국을 연구하는 태도가 좋다고 말하는 분도 있었습니다.

비교적 육하원칙이 분명하게 쓰려고 노력한 것은 습관이기도 하지만 목사님들과 신학생, 그리고 교회의 리더들이 지식을 재생산할 때 쓰여질 것을 기대했기 때문입니다.

좋은 글이라면 수익성을 따지지 않고 책을 내는 것으로 유명한 예영출판사의 김승태 사장님과 넉넉한 편집장 김은주 씨, 그리고 자상하고 꼼꼼한 솜씨를 가진 이덕희 자매님께 감사드립니다.

한가족 교회 모든 성도들과 사랑하는 아내에게 감사합니다. 아내 이민주는 신학생의 아내로, 유학생의 아내로, 한국과 미국을 수시로 옮겨 다니는 목회자의 아내로 고단했던 시절을 한결같은 마음으로 함께 있어 주었습니다.

2006년 7월
로스엔젤레스에서 백창남

# 차례

제 1부 재미를 주는 이야기
## "마녀의 빵"
# 15

제 2부 감동을 주는 이야기

# "마음으로 보는 풍경"

# 101

제 3부 교훈을 주는 이야기
# "멀리 보는 지혜"
## 191

# "마녀의 빵"

# 신데렐라의 착각

신데렐라는 유럽에서 전래되는 동화 속의 주인공입니다. 착하고 아름다운 마음씨를 가진 신데렐라는 계모와 이복 언니들의 구박 속에서 온갖 허드렛일을 도맡아 하는 불쌍한 처지입니다.

그러던 어느 날 불쌍한 노파에게 빵 한 조각 동정한 것이 그녀의 인생을 바꾸어 놓습니다. 노파는 요술로 신데렐라를 공주처럼 만들어서 왕궁 무도회에 보내 왕자를 만나게 합니다. 이후 이야기는 신데렐라가 무도회장에서 급히 나오다 구두 한 짝을 떨어뜨리고, 왕자는 그 주인을 찾느라 헤매고, 그러다가 마침내 만나 결혼하여 행복하게 오래오래 살았다는 내용입니다.

신데렐라의 극적인 신분상승은 모든 여성의 선망이고, 그래서 '신데렐라 콤플렉스'(Cinderella Complex)라는 심리학 용어도 만들어졌습니다.

교훈이 있다면 어느 날 백마 탄 왕자가 나타나서 자기를 행복하게 해 주기만을 기다리는 것이 아니라 불쌍한 사람에게 빵 한 조각이라도 베푸는 마음을 가지라는 것일 겁니다.

동화는 어디까지 동화이고, 해피 앤딩으로 끝난 이야기에 괜히 딴지 걸 이유는 없으나 결혼한 후에 어떻게 되었을까, 과연 그들이 정말 오래오래 행복하게 살았을까 하는 의문에서부터 이 글을 이어가려고 합니다.

결혼한 신데렐라, 그녀는 왕세자비가 되었습니다.

화려한 결혼식, 꿈같은 신혼여행……. 꿈에서 깨어 돌아와도 궁전은 여전히 꿈같을 것입니다. 기품 있는 의복을 입고, 격조 높은 음식을 먹으며, 아랫사람들을 부리는 고귀한 신분이 된 그녀는 예전의 천덕꾸러기 부엌데기 시절은 까맣게 잊었을 것입니다.

만화영화에서 그려 놓은 것을 보면 신데렐라는 어찌 그리 예쁘고, 왕자님은 또 어찌 그리 잘생겼는지…….

아무튼 그들의 결혼 생활은 그림같이 행복하기만 합니다.


어느덧 시간이 지나고 궁중 생활에 익숙해질 무렵, 신데렐라는 현실적인 일들을 보게 됩니다. 왕세자비가 된 후 많은 사람을 접견해야 하고, 중요한 국사에 전문적인 의견도 개진해야 합니다.

잔치나 무도회는 업무가 되고, 그 때마다 차려야 할 격식은 불편하게 느껴집니다. 그리고 궁궐의 안살림을 챙기는 책임도 만만치가 않습니다. 무엇보다도 자기만 보살펴 주던 왕자님은 일이 바빠서 둘만의 시간은 점점 줄어들고, 어떤 때는 늦게 들어와서 밖에서 받은 스트레스를 짜증으로 풀어버리고 갑니다.

그렇지 않아도 짧은 대화시간, 신데렐라가 투정이라도 부리면 바쁘다고 딴청하는 그의 무관심한 모습은 딴사람처럼 느껴집니다. 그러고 보니 왕자 주변에는 교양 있고 뛰어난 미모를 가진 명문가의 여자들도 많습니다. 신데렐라는 열등감을 느끼면서 점점 불안해집니다.

그럴수록 노력한다는 것이 불평과 투정이 되고, 그것은 원치 않는 다툼과 상처를 낳습니다. 반복된 갈등 속에 결국 신데렐라는 왕자가 자기를 사랑하지 않는다고 단정하며 대판 싸움을 하고 끝을 봅니다.

가정假定으로 시작한 이야기이지만 문제 해결을 위한 여러 가지 분석은 학문적이고 유용합니다.

신데렐라는 과거의 상처로 정서가 불안했다, 둘의 대화가 부족했다, 결혼 적응 기간이 없이 곧바로 일에 빠져들었다, 왕자에게 문제 해결 능력이 없었다 … 또 신데렐라는 질투하는 계모밖에는 보고 배울(role model) 사람이 없었다, 마음만 착하지 문제수습 능력이 없었다 등등…….

여러 의견 중 가장 마음에 와 닿는 것은 그 두 사람의 눈높이가 달랐기 때문이라는 해석입니다. 판이하게 다른 문화에서 자랐기 때문에 문제 해결에 미숙할 수밖에 없다는 것인데, 그 근거로 아브라함이 가나안 여인이 아닌 고향 족속에게서 며느릿감을 찾으려 했던 것을 들 수 있습니다.

아브라함도 성공적인 결혼을 위해서 눈높이가 같은 사람끼리 만나는 것이 최우선이라고 생각한 것 같습니다.

# 벌거벗은 지식인

제목 때문에 책을 사 보고 싶은 적이 있었습니다.

영국의 기자 폴 존슨이 쓴 『Intellectuals』라는 책인데 직역하면 '지식인들', 혹은 '지성인들' 정도가 적당할 것입니다. 그런데 그 것을 한국말로 옮겨서 출판한 사람은 『위대한 지식인들의 끔찍한 이야기들』이라고 번역했습니다. 호기심을 발동하게 하는 제목이 라 눈에 띄었고, 그래서 얼마 동안 기억해 두었다가 책방에 가서 그 책을 찾으니 제목이 『벌거벗은 지식인들』이라고 바뀌었더군요.

다소 제목이 순화되었으나 결국 나 같은 사람은 제목 때문에 책을 샀으니, 요즘 유행하는 *티저 광고(teaser advertising)에 넘어간 셈입니다.

읽다 보니 책 내용도 제목만큼 충격적이었습니다.

그들은 인류 역사에 분명한 족적을 남긴 천재성과 불굴의 의지 를 가진 위인들이었는데, 책은 그들의 추악함과 위선을 여지없이 까발렸기 때문입니다.

저자가 기자 정신이 투철한 언론인이라 그런가요? 위인들의 숨 겨진 이면裏面들은 가십 수준 이야기뿐이 아니었습니다. 그들이 평

---

* 광고주나 제품에 대해서는 설명하지 않고 의외성으로 주목을 끄는 광고 기법

생을 목숨 걸고 외쳤던 절대적인 가치조차도 탐욕과 허영에서 비롯되었다고 했고, 그리고 거짓말과 간사함이 넘치는 처세에 대해서는 정서와 정신에 문제가 있었던 것으로 만들어 버립니다.

좋은 얘기도 아닌 것을 폭로해서 불신감을 조장하는 것이 과연 바람직한 일이겠습니까마는 조목조목 따지고 드는 저자의 비판에 그럴 수도 있겠다고 수긍이 될 만한 논리적 근거가 있었습니다.

모두 열세 명의 등장인물 중 첫 번째로 망가지는 사람은 프랑스의 위대한 사상가 장 자크 루소(Jean Jacques Rousseau, 1712-1778년)입니다.

중·고등학교 때 루소는 계몽주의 사상가들과 함께 프랑스 혁명의 정신적 지주였으며, "자연으로 돌아가라."고 외친 교육자로 저서로는 『에밀』, 『사회계약론』 등이 있다고 배웠습니다.

당시 수준으로는 "『에밀』을 지은 사람은? 루소!", "루소는? 프랑스의 계몽주의 사상가!"라고 암기하면 시험 잘 보는 때이니 루소의 진실한 삶과 가치관을 알 수 있었겠습니까?

사람들은 인간 이성과 자유, 존엄에 대한 루소의 사상 때문에 프랑스 혁명이 성공했다고 하면서, '루소는 고매한 정신과 원대한 인품을 가진 인류의 스승'이라고 칭송합니다. 어쨌든 그는 프랑스를 빛낸 위인들만 들어간다는 **팡테옹(Pantheon)에 안치되어 있습니다.

그러나 루소의 삶 이면에는 그의 천재성에 가려진 어두운 그림자가 있습니다.

------

** 본래는 성당이었으나 현재는 국립묘지

출세를 위하여 기독교에서 가톨릭으로 개종하고, 형편 따라 다시 가톨릭에서 기독교로 개종했습니다. 경제적으로 어려울 때 네 번이나 자기를 구해 주었던 은인이 곤궁해져서 비교적 윤택하게 된 루소에게 도움을 요청했지만 비정하게 외면하였고, 결국 영양실조로 죽게 했습니다.

연상의 돈 많은 과부와 부적절한 관계를 맺으며 14년 동안 경제적으로 의존해 살았고, 열 살 연하의 세탁부와 33년 동안 불륜 관계를 유지했으며, 그로부터 얻은 다섯 아이를 모두 고아원에 버렸습니다. 자기 자식을 모두 고아원에 갖다 버리고 전혀 찾지 않은 사람이 유아기부터 결혼할 때까지 교육 지침을 적은 명저 『에밀』을 쓴 위대한 교육자이다?

혼돈스럽습니다. 타고난 총명함으로 세상에 이름을 알렸지만 그의 삶 굽이굽이에 저질러 놓은 기만과 악덕을 어찌 보아야 할는지……. 말년에 쓴 참회의 글 『고백록』에서조차 중요한 내용들을 변명하거나 왜곡했다니 허명虛名을 좇아 참회조차 거짓으로 했던 그가 가련하기까지 합니다.

과연 벌거벗겨진 지식인의 모습은 끔찍했습니다.

# 고기여, 안녕

교회의 대표적인 절기로는 성탄절, 부활절, 추수감사절 등이 있습니다. 성탄절과 추수감사절은 달력에 빨간 글씨로 표시되어 확실하게 Holiday로 자리 잡았고, 부활절도 봄방학(Easter Break)으로 한 주간 쉬니 절기는 역시 '노는 날'(Holiday)이어야 제격인 것 같습니다.

성탄절이나 부활절, 추수감사절은 2,000년 교회 역사 속에서 여러 과정을 거쳐서 오늘에 이르게 되었으며, 대부분의 사람들이 그 유래에 대하여 잘 알고 있습니다.

이 외에도 교회에는 몇 가지 절기가 있는데 비기독교인뿐만 아니라 기독교인 중에도 잘 모르는 사람이 많습니다. 대강절, 주현절, 사순절 등이 그것인데 가톨릭과 성공회 같이 의식과 예전을 중요하게 생각하는 교회는 전통적으로 다양한 절기들을 지켜왔으나 개혁 교회 입장에서는 큰 의미를 두지 않습니다.

오늘은 이런 절기들의 의미와 유래와 주변 이야기들을 살펴보려고 합니다.

교회력의 시작은 대강절待降節(The Advent)부터입니다. 이 절기는 말 그대로 예수 그리스도의 탄생을 기다리는 절기로 성탄절 전 4주간을 말합니다. 예수 그리스도께서 교회의 시작이니 그의 탄생일인 성탄절이 교회력의 시작이지만, 성탄을 기다리며 준비하는 대강절은 그 시초가 됩니다.

대강절은 라틴말로 '도착한다'는 뜻의 'adventus'에서 유래되었습니다. 성탄절이 오기 전에 경건한 마음으로 기다리고 준비하는 것이 절기의 핵심입니다만 현재는 지나치게 상업적으로 변질돼 버려서 안타깝습니다.

대강절의 끝은 성탄절입니다. 예수 그리스도가 탄생하신 날에 드리는 미사(Christos missa)에서 Christmas가 유래되었는데 여기에는 달리 설명이 필요하지 않을 것 같습니다.

성탄절 이후에는 주현절主顯節(The Epiphany)이 이어집니다.

동방박사가 찾아와서 아기 예수를 만난 날(1월 6일)부터 8주 동안 지키는데, 구세주가 세상에 드러났다는 것을 기념하면서 교회의 선교적 사명을 강조하는 절기로 삼습니다.

그 다음은 사순절四旬節(The Lent)이 이어집니다. 사순절은 예수 그리스도의 고난을 기념하는 기간으로 부활주일 전야까지 40일 동안을 말합니다. 고난 받으셨던 기간인 만큼 경건하게 금욕합니다. 술과 육식을 금하고, 오락을 멀리하며, 화려한 옷차림도 자제합니다. 이 기간 중에는 결혼식도 하지 않습니다. 다만 몸과 마음을 깨끗이 하며 자선과 기도에 힘씁니다.

개혁교회는 이 전통의 뜻을 일부 받아들여 그리스도의 고난과 죽음을 묵상하며 경건하게 보냅니다. 엉뚱한 것은 사순절 때문에 카니발(Carnival)이 생겼다는 사실입니다.

카니발은 사순절 40일 기간 동안 술과 고기를 먹지 못하고, 오락하며 놀지도 못하니 사순절이 시작되기 전에 마음껏 고기를 먹으면서 놀자는 축제입니다.

카니발이란 라틴어로 '카로 발레'(caro vale, 고기여 안녕), 또는 '카르넴 레바레'(carnem levare, 고기를 제외한다)에서 유래된 말입니다. 한자로 번역한 '사육제'謝肉祭라는 말은 고기를 먹을 수 있는 지금을 감사하자는 뜻이 되니 무척 솔직한 번역인 것 같습니다.

가면무도회와 퍼레이드 정도의 카니발에서부터 여러 명의 사상자가 발생하는 광란의 카니발까지 있습니다만 그게 사순절과 무슨 상관이 있는지 의아할 따름입니다.

# 정신 차리세요!

　　동양 고전에 나오는 옛날 이야기들을 보면 과거科擧시험을 통해서 벼슬길에 나아가는 이야기가 많이 나옵니다. 당시 인재를 발탁하기 위한 이 제도는 정말로 등용문登龍門이 되었는데, 몰락한 집안에서 글공부에 열심이더니 마침내 급제해서 신분상승 되었다는 식의 이야기는 매우 극적입니다.

　　우리 고전 「춘향전」을 보면 이몽룡이 과거 시험을 보러 가서, 단번에 장원급제하여 암행어사가 되어 못된 변사또를 혼내 주고 춘향이를 구해냅니다. 이런 이야기 구성은 조선 시대의 과거 제도를 잘 모르는 그야말로 '소설'입니다. 과거 제도는 한 번의 시험으로 당락이 결정되는 것이 아니라 여러 단계를 거쳐야 합니다.

　　먼저 등급이 낮은 소과小科를 두 차례 치고 난 뒤 본시험인 대과大科 시험을 역시 두 차례 치릅니다. 도합 네 차례의 시험을 통과하면 최종합격자 33명이 가려지는데 이들이 마지막으로 한 번 더 시험을 칩니다. 이 시험은 왕이 참석한 자리에서 시행된다고 해서 전시殿試라고 하는데 여기서 장원급제자가 가려집니다.

　　그러니까 누가 장원급제를 했다 하면 소과 두 번, 대과 두 번, 그리고 전시까지 모두 다섯 차례의 시험을 치뤘다는 것이고, 한 번도 낙방하지 않고 계속 합격을 한다고 해도 최종 합격까지는 5년이나 걸립니다.

그러면 과연 시험 내용은 무엇이었을까요?

1차 시험인 소과는 선비들의 교양과목 텍스트인 「사서오경」이나 「시문」 등에서 출제되었고 2차 시험은 정치나 학문, 사회관습 등의 실제적인 문제를 물으면서 해결방안을 제시하라는 주관식 논술고사였습니다.

이름이 익숙한 성삼문, 정철, 이율곡, 송시열 등과 같은 이들은 과거에 장원급제한 사람들인데 정치인이기 이전에 상당한 수준의 학문 경지에 올랐던 수재들입니다. 이들이 받았던 시험문제策問와 답안이 기록으로 전해지는데 문제만도 한 페이지나 되고, 답안지도 4×6배 판으로 열 장이 넘습니다. 내용은 모두 번득이는 지혜와 기개가 돋보이는 명문장들입니다.

광해군 때 임숙영이란 유생이 받은 시험문제와 답은 이렇습니다. 요약하고 의역했습니다.

"나라의 안정을 유지하는 비결은 무엇인가? 중국 한나라와 당나라 역사를 보면 이러이러하던데 … 인재를 널리 구하여 쓰고, 서로 합심하고 공경하는 풍토를 만들고, 호적 제도를 정확하게 하고, 백성에게 무거운 짐을 지우지 않는 등의 네 가지 계책 외에 시급時務하게 힘써야 할 것이 무엇인가 대책을 논하라."

이에 대한 그의 답안지는 이렇습니다.(너무 길어서 요약에 요약을 했습니다.)

"지금 나라의 병을 고치려면 그런 계책 따위가 아니라 임금부터 정신 차려야 합니다. 후궁들을 통한 로비로 궁중 법도가 무너졌고, 아첨하는 무리들로 언로言路가 막혔으며, 청탁 부정으로 매관매직이 성행합니다 … 제도나 이론이 아닙니다. 문제는 그것을 바르게 운영해야 할 최종 책임과 권한이 있는 당신, 바로 당신이 가장 문제입니다. 전하! 자만심을 버리고 정신 차리세요!"

아니 이제 과거 시험을 보는 햇병아리 유생이, 그것도 서슬이 시퍼런 광해군을 향해서 이럴 수 있나요? 죽으려고 작심하지 않은 바에야 어찌 이런 말을 입에 담을 수 있겠습니까!

답안 내용을 본 시험관들은 경악하며 그를 떨어뜨리려 했고, 광해군도 이를 알고 낙방시키라고 명령했습니다. 하지만 신하들이 목숨 걸고 설득하여 우여곡절 끝에 합격이 되었습니다. 원문의 감동을 다 옮길 수 없는 것이 얼마나 안타까운지요! 곧은 선비정신이 참으로 존경스럽습니다.

절대적인 왕권을 가졌던 다윗왕에게 우리아를 죽이고 밧세바를 빼앗은 것을 꾸짖는 나단 선지자의 말이 생각납니다.

당신이 그 사람이라!
You are that man!

과연 다윗은 광해군과 달리 그 자리에서 잘못을 시인하고 하나님께 용서를 구했습니다.

그렇다면 당신은 광해군스럽습니까?

# 캐치 미 이프 유 캔

이 사람 어떻습니까?

불과 27세 때부터 자신만이 갖고 있는 특수한 기술로 미국 정부와 FBI(Federal Bureau of Investigation)에서 금융 사기와 문서 위조 방지를 25년째 가르치고 있고, 매년 미국뿐만 아니라 세계 도처에서 140여 회 이상의 세미나 강사로 초빙되며, 1만 4,000여 개의 금융기업이나 법률회사에 문서 보안을 위한 교육과정을 만든 사람. 또 자신이 개발한 아이템이 몇 천개의 금융기관과 3,000개 이상의 개인 회사에서 쓰이고 있으며, 그 라이센스 수입으로 한 해에 수백만 달러를 벌어들이는 사람.

또한 미국 메이저 회계법인과 법률회사의 컨설팅 업무를 맡고 있으며, 유타 대학(University of Utah)에서 강의도 하는 명사로 알려져 1998년 CNN에 의해서 '*Pinnacle 400'에 선정된 사람. 그리고 자서전은 신문기자가 그 '귀하신' 분을 찾아가서 하루 8시간씩 4일 동안에 어렵사리 인터뷰하여 구성, 출판되어 베스트셀러가 되었고 (1980년), 2003년에 스티븐 스필버그가 영화로 만들어 대성공을 거둔 실제 주인공.

이 사람은 영화 "Catch me if you can"의 주인공 프랭크 아비그네일 (Frank W. Abagnale Jr, 1948년-)입니다.

---

* pinnacle은 '산봉우리'라는 뜻으로 '그 분야의 최고수'라는 뜻

그는 지금 이런 성공을 누리며 세 아들과 함께 행복한 삶을 살고 있지만 그의 삶은 영화로 만들어질 정도로 드라마틱하였습니다. 그러나 그 드라마는 다시 연출하고 싶지 않은 어두운 것이었습니다.

그는 불행하게도 16세 때 부모님이 이혼했는데, 그때부터 그는 자기 나이보다 열 살이나 많아 보이는 조숙한 외모를 이용해뉴욕에서 사기 행각을 벌이기 시작했습니다. 처음에는 은행 입출금 전표를 위조하는 방법으로 돈을 만들더니 나중에는 비행기 조종사, 의사, 변호사 등으로 신분을 위조해서 본격적인 사기꾼이 되었습니다.

팬암(PanAm)항공사 조종사로 위장했을 때에는 위조된 미 연방항공국(FAA) 라이센스를 소지했고, 가짜 팬암 항공 직원 ID를 가지고 2년 동안 미국과 전 세계를 무임승선하며 다녔습니다.

그 후 루이지애나로 가서 하버드 법대 졸업장을 위조하여 변호사 노릇을 했고, 병원에서 소아과 의사 노릇도 했습니다. 조지아 병원의 소아과(resident supervisor)로 있었다는데 과연 어떻게 전문직인 변호사, 의사 노릇을 했는지 신기하기만 합니다.

그 후 유타에 있는 브리감 영 대학에서 교수로 재직하며 사회학 강의도 했다고 하는데, 이때는 콜롬비아 대학 졸업장을 위조했습니다. 수표든, 명문 대학 졸업장이든, 국가가 발행하는 자격증이든 뭐든지 감쪽같이 위조할 수 있는 기술과 그것으로 사람을 속일 수 있는 천부적인 재능이 감탄스럽기만 합니다.

그가 잡히기 전까지 위장한 신분(identities)은 모두 여덟 가지였고, 전 세계를 다니며 발행한 부도수표 총액수는 모두 260만 달러였습니다. 결국 그는 세계 26개국에서 어마어마한 현상금을 내건 국제적인 수배자가 되었습니다.

그의 범죄 행각은 1969년에 프랑스에서 체포되면서 결국 5년 만에 끝이 났습니다. 프랑스에서 6개월, 스웨덴에서 1년 교도소 생활을 한 후 미국으로 추방되어 미국 법정에서 12년 형을 선고받았으나, 미국 정부는 그의 재능과 기술을 연방정부를 위해서 사용한다는 조건으로 5년 만에 그를 석방했습니다.

흥행 영화의 귀재인 스티븐 스필버그는 적당한 픽션을 섞어 레오나르도 디카프리오라는 멋있는 배우를 주연으로 프랭크 아비그네일의 사기술을 영화에 담았습니다. 영화를 보는 청소년들에게 잘못된 가치관을 심어 줄까 심히 염려되지만 당사자는 지금 성공한 그는 어두웠던 청소년기의 범죄행각을 후회합니다.

가정을 빼앗긴 채 쫓기던 5년 동안은 외로움 때문에 크게 고통스러웠고, 고등학교를 다니면서 친구들과 프롬 파티(prom party, 학교의 공식 파티)와 미식 축구를 하며 어울리지 못한 것이 그렇게도 한이 된답니다. 그가 가장 힘주어 말하는 것은 어머니의 부정과 부모님의 이혼으로 얻은 상실감입니다.

그의 비정상적인 범죄의 가장 큰 동기는 바로 이것이니까요.

# 외로운 '스위트' 홈

존 하워드 페인(John Howard Payne, 1791~1852년)은 유명한 노래 "Home Sweet Home"(즐거운 곳에서는 날 오라 하여도)를 지은 사람으로 유명합니다만 그의 직업은 연극배우이며 극작가였습니다.

이 사람은 미국 동부 출신으로 어릴 때부터 남달리 총명했습니다. 부친은 유명한 웅변(elocution) 교사였는데 이 덕분에 그는 아버지로부터 정확하게 말하는 법과 강연하는 법을 배웠습니다.

아버지는 그가 열세 살 때 뉴욕에 보내 경제학을 공부하게 했으나 그는 경제학에 흥미를 갖지 못하고 무대 예술 분야에 관심을 갖게 되었습니다. 하라는 공부는 안하고 대신 주간신문(weekly news)을 만드는 일도 했는데 고작 4페이지짜리였지만 그것은 훗날 극작가로서 성공할 수 있는 훈련인 셈이 되었습니다. 비록 아버지의 기대에는 어긋났지만 그에게는 소중한 시간이었습니다.

그의 재능이 인정받게 된 것은 18세 때입니다.

연극배우로 선 첫 번째 무대를 통해 그는 화려한 찬사를 받으며 데뷔했습니다. 신문들은 그의 탁월한 용모와 천재적 재능을 마음껏 칭찬했습니다.

몇 년 뒤 그는 영국으로 건너가서 본격적인 유럽의 연극무대에서 활약하기 시작하여 20여 년 동안 배우로서 성공적인 삶을 살았습니다. 주로 "로미오"(Romeo), "햄릿"(Hamlet), "브루투스"(Brutus)같은 정통연극을 연기했는데 요즈음으로 치면 잘 나가는 영화 배우라고 보면 됩니다.

사람들은 그가 완벽한 용모와 목소리, 예술에 대한 열정, 쾌활하면서도 겸손한 성품을 지녔기 때문에 사람들의 사랑을 받았다고 했습니다. 어떤 이는 그를 "Master Payne"이라고 불렀습니다. 연극계의 '거성'이라는 얘기인지 아니면 Mister Payne의 오기誤記인지 확실치 않지만 대단한 배우인 것만은 틀림없는 것 같습니다.

배우로서 성공한 이후에 그는 극작가로 작품 활동에만 전념했습니다. 그를 대표하는 작품은 엉뚱하게도 1823년 오페라 "Clari, the Maid of Milan" 중 삽입곡으로 불린 "Home Sweet Home"입니다.

원문의 시와 우리들이 부르는 노래 가사가 약간 다르지만 잘 알려진 노랫말대로 적습니다.

즐거운 곳에서는 날 오라 하여도
Mid pleasures and palaces though we may roam,

내 쉴 곳은 작은 집 내 집뿐이리
Be it ever so humble, There's no place like home

내 나라 내 기쁨 길이 쉴 곳도
A charm from the skies seems to hallow us there,

꽃피고 새 우는 집 내 집뿐이리
Which, seek through the world, is ne'er met with elsewhere.

오 사랑 나의 집
Home, home, sweet sweet home,

즐거운 나의 벗 내 집뿐이리
There's no place like Home! there's no place like Home!

2절은 이렇게 번역됩니다.(詩語라서 노랫말로 번역하기가 좀처럼 쉽지 않아 그냥 시처럼 번역했습니다.)


외로운 마음에 달을 쳐다보며,
아들을 생각하는 어머니를 느껴 봅니다.
담쟁이넝쿨 향기 나는 우리 시골집 현관에서
달을 쳐다보시는 어머니 모습 그려보지만
어머니의 모습은 찾을 길이 없습니다.


어째서 재기와 열정이 넘쳤던 시인의 노래가 이리 처량한가요?


그는 죽을 때까지 한 번도 가정을 가져보지 못한 외로운 싱글
이었습니다. 세계에서 가장 달콤한 가정을 노래한 "Home Sweet
Home"의 지은이가 말입니다. 그는 말년에 아프리카 알제리의 튀
니지에서 미국 영사로 일하다가 61세로 죽었습니다.
　여우같은, 혹은 토끼 같은, 아니면 웬수(?)같은 마누라가 있는
것이 얼마나 큰 행복인지요.

# 비정한 록펠러

사람은 누구나 장점과 단점을 동시에 가지고 있습니다. 보는 관점에 따라 강조하는 것이 다를 뿐이지요.

예를 들면 "고집이 세다."는 것은 "소신 있다."는 말도 되고, "소심하다."는 것은 "신중하다."는 말도 됩니다. 또 "변덕이 심하다."는 것은 "감성이 풍부하다."는 것이고, "꼼꼼하다."는 말은 "까다롭다."는 뜻도 됩니다. 이와 같이 사람의 성격이나 인물의 공과功過에도 마치 동전의 양면과 같이 전혀 다른 두 가지의 얼굴이 있습니다.

세계 최고의 부자였던 미국의 록펠러(John Davison Rockefeller, 1839-1937년)는 미국 정유산업의 거의 대부분(95%)을 차지하는 스탠더드 석유회사(Standard Oil Company)를 경영했는데 그로 인하여 얻은 이름은 '석유왕'입니다. 그리고 많은 재산을 자선사업에 기부하여 '세계 최고의 자선가'라고 불리기도 했습니다.

유명한 록펠러 재단과 록펠러 대학을 세웠고, 명문 시카고 대학은 그의 절대적인 후원으로 오늘의 명성을 얻게 되었습니다. 그는 24개의 종합대학과 수천 개의 고등학교, 농업학교와 의과대학 등 헤아릴 수 없이 많은 학교를 도왔고, 그 후원금은 1억 3,000만 달러에 달합니다.

그가 세운 록펠러 의학 연구소(現 록펠러 대학)에서는 뇌막염을 치료할 수 있는 혈청을 개발하였고, 항생물질과 각종 바이러스 등을 연구하여 큰 업적을 쌓았습니다. 그곳에서만 노벨상을 수상한 의사가 19명이나 나왔다니 그의 자선은 인류에게 큰 공헌을 한 셈입니다.

그럼에도 불구하고 그는 미국에서 '가장 미움 받는 부자'이기도 했습니다. 한 사람이 미국에 있는 거의 모든 석유회사를 합병하여 소유했는데, 그 과정에서 과연 아무 일도 없었을까요?

일가귀천가원一家貴千家怨이란 말처럼 그 한사람이 모든 것을 거머쥐기까지 수많은 사람들이 피눈물을 흘리며 빈손으로 떠나가야 했던 한 맺힌 사연들을 어찌 짐작하지 못하겠습니까!

뉴욕에서 태어나 오하이오에서 성장한 록펠러는 철저한 기독교 신앙을 가진 어머니와 떠돌이 상인이었던 아버지 밑에서 넉넉하지 않은 유년시절을 보냈습니다.

그는 16세에 취직해, 24세에는 동업으로 회사를 세웠습니다. 그는 선천적으로 사업 수완이 있는데다가 남북 전쟁 직후 미국 경제가 급속하게 성장하는 시기를 타고 크게 성공할 수 있었습니다.

31세 때 세운 회사 스탠더드 석유회사는 경쟁 회사들을 모두 합병하여 미국 정유 업계를 평정했습니다.

이 유래가 없는 독점(monopoly)을 이루는 과정에서 그는 수단과 방법을 가리지 않았습니다. 경쟁회사에 공갈과 협박은 물론 산업 스파이까지 동원하여 경쟁자들을 쓰러뜨렸고, 철도청과 부정한 밀거래를 맺고 물건 운송을 독점하여 경쟁회사들을 아사餓死시켰습니다.

록펠러는 경쟁 회사는 물론, 여러 주정부와 연방정부로부터 악덕기업으로 몰려 수많은 고소 고발을 당했지만 그 때마다 교묘하게 빠져나갔습니다. 하지만 1911년 마침내 대법원에 의한 반독점법(Anti-Trust Laws) 위반 판결로 회사는 38개 회사로 분리되었고, 그는 경영에서 은퇴했습니다. 그리고는 본격적으로 자선활동에 힘썼습니다.

록펠러는 철저하게 십일조를 바친 신실한 신앙인이었고, 성경의 가르침을 따라 천문학적인 액수의 자선을 실천한 사람이었습니다. 많은 사람들은 그의 번영이 하나님의 축복이라며, 그의 경제적 성공을 하나님의 축복과 동일선상에 놓고 신앙인의 역할 모델(Role Model)로 삼고 있습니다.

하지만 야누스와 같이 예배당과 자선단체 앞에서의 웃는 그의 얼굴 뒤에 냉혹하고 비정한 얼굴도 있다는 것은 몰랐을 것입니다.

그에게 모든 것을 빼앗겨 불행해진 사람들의 원한을 어떻게 설명해야 할런지요. 경호원에 둘러싸여 행차하며 침대 머리에 권총을 숨겨두고 잠들어야 했던 불행을 그의 양심은 알았을까요?

# 가장 비싼 얼굴

세계 각 나라의 화폐에 새겨진 인물의 초상은 그 나라 국민들에게 가장 존경받는 사람들입니다. 고액권 화폐에 새겨진 인물이라면 비중이 더하겠지요.

대한민국 1만 원권에는 유명한 세종대왕이, 미국 100달러에는 미국 헌법을 초안한 벤자민 프랭클린이, 그리고 일본의 1만 엔짜리 지폐에는 메이지 시대 일본의 근대화를 주도한 후쿠자와 유키치가 각각 인쇄되어 있습니다.

그 중에 벤자민 프랭클린과 후쿠자와 유키치는 공통점이 많습니다.

벤자민 프랭클린(Benjamin Franklin, 1706~1790년)은 미국이 영국 식민지 상태에서 독립할 때 많은 활약을 했습니다.

독립 선언서를 초안하였을 뿐만 아니라 미국 독립을 위하여 영국과 프랑스 당국과 협상하는 외교활동을 담당했습니다. 필라델피아, 조지아, 뉴저지, 매사추세츠 등의 의회를 대신해서 오늘날의 에이전트같이 활동한 것입니다.

어린 시절 1년 동안 학교에 다닌 것과 가정교사에게 1년 배운 것이 학문의 전부이지만 그는 독학으로 꾸준히 글을 읽고 써서 많은 저서를 남겼습니다.

넉넉하지 못했던 어린 시절, 형 밑에서 평범한 인쇄공으로 일했던 그가 그렇게 유명해진 것은 각종 인쇄물을 만들면서 그것들을 보고 익히며, 부지런히 습작도 했기 때문입니다. 독서를 좋아하는 이들과 교제하고 책을 읽으면서 남보다 빨리 새로운 세계를 볼 수 있었습니다.

일례로 영국에서 새로운 학문인 전기가 유행할 때 이를 처음으로 미국 땅에 소개한 이도 벤자민 프랭클린입니다. 그는 그것을 토대로 실험과 연구를 더하여 전기와 번개가 동일한 것이라는 것을 증명했고, 피뢰침을 발명하는 업적도 쌓았습니다.

그가 쓴 논문 「전기에 관한 실험과 관찰 기록」(Experiments and Observations on Electricity, 1751년)은 프랑스, 독일, 이탈리아 등지에서 번역, 출판되어 큰 주목을 받았습니다.

세월이 흘러 인쇄소 경영자가 된 그는, 신문을 발행하는 등의 활약으로 당대의 오피니언 리더의 자리에 올랐습니다. 그리고는 마침내 워싱턴 대통령 다음으로 유명한 정치인이 되었습니다.


일본 근대화의 아버지로 꼽히는 후쿠자와 유키치福澤諭吉(1835-1901년)는 하급무사의 집안에 태어났습니다. 그는 2세도 채 안되어 아버지를 잃은 데다 아직 신분의 계급이 철폐四民平等되기 전이라 차별을 받으며 자랐습니다.

일본은 네덜란드 외에는 통상하지 않는 쇄국정책으로 오랫동안 고립되어 있었습니다. 후쿠자와는 19세 때 네덜란드로 가서 의학과 물리학을 공부하였고, 이어서 더 실용성이 있는 것이 영어임을 깨닫고 영어 공부에 힘을 쏟았습니다.

그 후 선진 유럽 6개국과 미국을 방문하여 견문을 넓힌 후 활발한 저술 활동을 했고, 유명한 게이오 대학慶應義塾을 세워 일본 개화에 큰 공헌을 했습니다. 그가 봉건적인 바쿠후幕府 체제에서 서양의 민주주의와 남녀평등 사상을 펼 수 있었던 것은 역시 남보다 먼저 세계를 보았기 때문입니다.

한 가지 아쉬운 것은 그가 일본을 문명국으로 만든 엄청난 공헌을 했지만, 일본을 위해서라면 조선을 비롯한 아시아 주변국들을 침략해야 한다고 주장했다는 것입니다. 사실 안중근 의사가 이토 히로부미를 죽인 것은 조선 편에서는 악인 한 명을 제거한 쾌거이지만, 일본 편에선 아까운 지도자를 잃었으니 안중근에 대한 감정이 좋을 리 없는 것과 같은 이치입니다.

최고액권 화폐에 실려 국민들에게 존경받는 벤자민 프랭클린과 후쿠자와 유키치의 공통점은 새로운 세계에 남보다 먼저 눈을 떴다는 것입니다. 그래서 개인적으로는 신분상승을 이루었고, 국가적으로는 새 세상을 여는 공헌을 했습니다.

그리스도인들은 모진 박해에도 불구하고 복음을 전했습니다.
왜냐하면 그리스도인들은 새로운 세상을 보았기 때문입니다. 우리는 그것을 믿음이라고 합니다.
"우리는 보고 들은 것을 말하지 아니할 수 없다"(사도행전 4장 20절).

# 독약으로 주름살 펴기

나무의 나이는 나이테 갯수로 압니다. 1년 주기로 생기는 나이 테는 사계절의 변화에 따라 자연적으로 생기는 성장테이며, 말 그대로 세월을 가늠하는 연륜年輪입니다.

사람도 세월이 지나면서 주름살이라는 나이테를 갖습니다. 나무는 나이테가 많아야 실한 존재로 인정받지만 사람들은 주름살을 별로 달가워하지 않습니다. 왜냐하면 주름살은 피부 속의 섬유조 직이 퇴화되는 노화현상이기 때문입니다.

나이가 들면서 맑고 깨끗했던 피부가 잡티와 주름으로 얼룩지는 것을 막아보자고 눈물겨운 노력을 다합니다. 먹는 오이를 얼굴에 붙여 표백하기도 하고, 가면같은 진흙 팩을 바르기도 합니다. 또 레이저 광선으로 오점을 태워 없애기도 하고, 심지어는 한 꺼풀 벗겨내는 수술도 마다하지 않지만 노화를 막을 방법은 없는 것 같습니다.

세월을 이길 수 없어 피부가 탄력을 잃고, 그래서 생기는 주름 살을 누군들 좋아하겠습니까? 인간의 몸은 좋든 싫든 20세부터 주름살이 나타나는데 20대에는 눈가장자리에, 30대에는 이마에, 그리고 40대에는 입가에 원치 않는 세월의 흔적을 지니게 됩니다.

어떻게든 주름살을 없애보려는 인간의 노력은 수도 없는 의약품과 화장품을 만들어 냈고, 이제는 고도의 의학기술이 동원된 주름 살제거수술까지 등장했습니다. 주름살 제거수술은 전신마취를 하고 얼굴 가장자리 부분을 길게 찢어서 늘어난 얼굴 피부를 바싹 잡아당겨 꿰매는 것인데, 지나치게 많이 잡아당겨 놓으면 눈이 안 감길 수도 있다고 하니 욕심은 금물입니다.

비록 의학이 발달되었다고는 하지만 전신마취를 한다는 것은 위험을 감수해야 할 일입니다. 만의 하나 깨어나지 못한다면 아무리 팽팽해진 얼굴을 가졌다고 해도 다 소용없는 일이 될 테니까요. 비용도 결코 녹록하지는 않을 것이고요.

젊어 보이기 위해서 많은 돈을 들이고, 위험을 무릅써야 하는 고민을 단번에 해결해주는 희소식이 있습니다. 주름살이 있는 지점에 주사 한 방 놓으면 주름이 쫙 펴진다는 명약 보톡스가 나왔기 때문입니다.

보톡스는 미국의 엘러간 제약회사에서 개발한 제품으로 근육 수축을 억제시켜서 주름을 없애주는 약입니다. 주름이 생기도록 하는 것은 근육을 움직이는 신경전달물질을 마비시켜서 주름살을 없애는 방식입니다.

보톡스의 원료는 보툴리눔 톡신(botulinum toxin)이라는 박테리아로 이것은 주로 상한 통조림에서 생기는 일종의 독소입니다. 이것은 처음에는 사시斜視를 교정하거나 안면경련 등을 치료할 때 쓰였는데, 치료를 하다가 그 환자의 눈가에 있던 주름들이 없어진 것을 보고 본격적으로 미용에 쓰이도록 개발했답니다.

원치 않는 주름살을 없애준다니 고마운 일이지만 그 원료는 1g으로 100만 명을 죽일 수 있는 맹독猛毒입니다. 그런 독약도 소량으로 잘 사용하기만 하면 약이 된다니 인간의 과학 기술이 대견할뿐입니다.

이와 비슷한 원리로 사용되는 슈도모나스(pseudomonas)라는 세균도 마찬가지입니다. 이것도 폐렴 등을 일으키는 맹독인데 암 치료제와 잘만 결합시키면 암세포만 골라서 죽일 수 있다고 합니다.

보통 화학적인 항암 약물은 머리카락이 빠지는 등의 부작용을 동반하지만 이렇게 암세포만 골라서 없애버리는 '미사일' 치료법이 성공한다면 얼마나 좋겠습니까? 백해무익할 것 같은 보툴리눔 톡신이나 슈도모나스 같은 독소가 약이 될 수 있다는 것이 신기하기만 합니다.


사도 바울은 육체의 가시(painful physical ailment)를 가지고 있다고 했는데(고후 12:7) 그것은 견디기 힘든 육체의 질병이었습니다.

처음에는 왜 그렇게 병을 지니고 살아야 하는지 알 수 없었으나, 그것이 남보다 많이 받은 영적인 은혜를 유지할 수 있는 영적 건강의 비결인 것을 알고 감사했습니다.

썩은 통조림 따위에서 얻은 독으로 얼굴 주름살을 펼 줄 아는 지혜처럼 마음의 주름을 펴주는 방법은 없을까요? 그것이 비록 독일지라도 말입니다.

# 인생의 세 가지 샤워

　　미국은 청교도들이 건너와서 세운 나라답게 기독교 전통을 가지고 있습니다. 요즈음은 다소 달라졌지만 사람이 태어나서 결혼하고 죽는 중요한 인생사가 교회를 배경으로 펼쳐졌습니다.

　　아기가 태어나면 교회에서 유아세례를 받았고, 성장하여 결혼을 하게 되어도 당연히 교회에서 결혼식을 올렸습니다. 장례식도 마찬가지로 예배당에서 거행되었는데, 장지는 심지어 교회 뒷마당이었습니다. 교회는 크리스천의 삶의 바탕 그림이었고, 목사님은 인생의 결정적인 순간을 담당하는 코디네이터(coordinator)였습니다.

　　'Sprinkling Christian' 이란 말이 있습니다.

　　유아세례를 받을 때 물로 뿌림(sprinkling)을 받고, 예배당에서 결혼식을 올리고 행진할 때 쌀로 뿌림을 받으며, 마지막으로 장례식 마지막 순서인 취토取土때 흙으로 뿌림을 받는 등 인생의 중요한 일들이 교회에서 이루어지는데 Sprinkling Christian은 그런 때에만 교회에 나오는 시원찮은 그리스도인을 빗댄 말입니다.

　　삶의 매 순간이 모두 중요하지만 특별한 때, 즉 사람이 태어나는 것과 결혼하는 것 그리고 죽어 장례지내는 것은 정말로 중요한 순간입니다.

　　이와 성격이 비슷한 것으로 샤워(showering)가 있습니다. 즉 Baby Shower와 Bridal Shower가 그것입니다. 이 전통은 기독교

문화에서 비롯된 것도 아니고, 오래 전부터 이어 내려오는 것도 아닙니다만 요사이 미국의 전통문화의 하나로 자리 잡아 가고 있습니다.

먼저 Baby Shower는 결혼한 부인이 첫 아이를 낳기 전에 그 부인의 친구들이 열어 주는 파티입니다. 처음 아이를 낳는 부인이 출산을 앞두고 느끼는 생소함과 두려움을 위로해 줄 뿐만 아니라 태어날 아기의 용품들-배내옷, 젖병, 기저귀, 장난감 등-을 선물하는 것입니다.

그렇게 하면 경제적으로도 도움이 될 뿐만 아니라 많은 사람들이 자기를 돌봐 주고 있다는 사실을 확인함으로써 편안하게 출산할 수 있습니다. Baby Shower는 말 그대로 출산의 기쁨과 축복을 소나기처럼 쏟아 부어주는 사랑입니다.

또 다른 Shower로는 Bridal Shower가 있습니다.

결혼식을 앞둔 신부와 그 친구들이 모여서 결혼을 축하하며 결혼 후에 쓸 살림들을 선물하는 파티를 말하는데, 결혼에 대한 끝없는 덕담을 소나기처럼 쏟아 부어줍니다.

이것 역시 경제적으로 도움이 될 뿐만 아니라 미지의 결혼생활에 대한 선배들의 코치도 퍽 유용할 것입니다. 그런데 여자들만 모인 자리에서 결혼하려는 신부에게 해 주는 말들이니 그 농 섞인 수다가 어떨 것이라는 것은 안 들어도 알 것 같습니다.

한편 총각 파티(Bachelor Party)도 있습니다.

이것은 결혼식을 앞둔 신랑에게 친구들이 열어주는 파티인데 내일부터는 다른 여자를 만날 수 없으니 오늘 실컷 먹고 마시자는 의미입니다. 이 때 친구들은 전문 스트리퍼(stripper)를 고용해서 신랑을 유혹하며 어쩌지 못하는 신랑을 놀려대는데 이것을 'roast' (볶아댄다)라고 합니다. 사람들이 이것을 Bridegroom Shower라고 하지 않고 Bachelor Party라고 하는 것은 별로 은혜스럽지 않기 때문인 것 같습니다.

앞서 Sprinkling으로 인생사를 설명한 것에 따르면 또 다른 Shower가 더 있어야 합니다. 굳이 이름을 붙이자면 Funeral Shower라고 말입니다.

태어나는 것과 결혼하는 것처럼 죽어 장사지내는 것도 비용이 필요할 뿐만 아니라 조언이 필요한 큰 일임에 틀림없습니다. 그런데 비용이야 모아 줄 수 있지만 먼저 죽어 본 사람이 죽음의 경험담을 말해 줄 수 없으니 Funeral Shower는 없나 봅니다.

하긴 죽음을 소나기처럼 Showering 해 준다는 것도 어색하고, 한다고 해도 언제 죽을지 아는 사람이 없으니 Funeral Shower는 탁상공론일 뿐입니다.

# 우리는 특별한 관계

번지점프(bungee jump)는 세계적으로 젊은이들이 좋아하는 극한 스포츠(extreme sports)중에 하나입니다. 발목에 밧줄을 매고 높은 곳에서 뛰어내리는 것인데 담력이 약한 사람은 엄두도 못내는 아찔한 모험입니다.

자칫 줄이라도 끊어지면 목숨을 잃게 되는 위험천만한 것이 뭐가 그리 재미있다는 것인지 이해할 수 없지만, 번지점프는 다리에서 케이블카로, 높은 타워로 그리고 헬리콥터로 그 높이를 더해 갑니다.

기네스북에 오른 세계 최고 높이의 번지점프 장소는 남아프리카 브루크란 강(Broukrans River)에 놓인 다리입니다. 이 다리는 깊은 협곡 사이에 놓인 다리로 높이가 710피트(216m)인데 보기만 해도 현기증이 날 정도로 아찔합니다.

번지점프는 남태평양 바누아투(Vanuatu) 섬 원주민들의 성인식에서 유래되었습니다. 즉 젊은이가 칡의 일종인 열대 덩굴 '번지'(bungee)를 엮은 긴 줄을 발목에 묶고 높은 나무에서 뛰어내림으로서 용기와 담력을 과시하는 것입니다.

성인이 되었다는 사회적 공인公認을 위해 이처럼 무모한 관습이 만들어진 것과, 또 그것이 전 세계 젊은이들이 즐기는 스포츠가 되었다는 것은 참으로 이해하기 쉽지 않습니다. 다만 성인으로서의 자부심과 책임감을 확인하기 위해 그런 것인가 추측해 봅니다.

인류에게는 번지점프 외에도 여러 가지 성인식 문화가 발견되는데 문화인류학자들은 성인식의 교범教範이 될 만한 풍습을 아프리카 통가족(The Tonga)의 성인식 전통에서 찾습니다. 이들의 성인 의식은 대략 여섯 가지입니다.

첫째, 태형(Beating)입니다.

말 그대로 선배들에게 집단 구타를 당하는 것입니다. 무슨 잘못이 있어서 매를 맞는 것이 아니고 그냥 맞는 겁니다. 그 매를 다 견디었을 때 그들과 같은 집단 구성원으로 인정해 줍니다.

둘째, 추위와의 싸움(Exposure to cold)입니다.

추운 날씨에 변변한 방한복도 없이 들판에 버려두고 생존하라는 것입니다.

셋째, 갈증(Thirst)과의 싸움입니다.

허기나 갈증 같은 인간의 기초적인 욕구를 견뎌내는 능력을 입증하라는 것입니다.

넷째, 야생음식 섭취(Eating of unsavory foods)입니다.

생 간 같은 혐오식품을 강제로 먹입니다.

다섯째, 처벌(Punishment)입니다.

암기사항을 잊었다든지 했을 때 고문과 같은 수준의 갖가지 신체적 고통을 가하는 것입니다.

여섯째, 죽음에의 위협(Threats of death)입니다.

해변에서 무덤을 파게 하고 생매장하면서 죽음의 고통에 몰아넣습니다.

놀라운 것은 이같은 원시 부족의 성인의식이 지성의 상징이랄 수 있는 미국 대학교에서 최근까지도 너무도 똑같이 재연되고 있다는 사실입니다. 기숙사마다 매년 지옥 주간(Hell Week)이라는 전통으로 장래의 형제들(prospective fraternity brothers)에게 혹독한 신고식을 하고 나서야 동질 집단 구성원으로 받아들입니다. 그렇다고 가해 선배들이 심리적으로나 사회적으로 비정상이었느냐 하면 결코 그렇지 않았습니다. 그들은 지극히 정상이었습니다.

그렇다면 지성인들이 왜 이같은 야만스럽고도 위험한 학대 풍습을 고수하고 있을까요? 여러 가지 설명이 있습니다만 가장 설득력 있는 것은 그 괴롭힘이 단지 선임자의 부도덕한 폭력이 아니라 타당한 이유가 있다는 것입니다. 즉 그 고통스런 통과의례가 집단에 대한 충성심과 희생심을 주는 긍정적인 생존행위라는 설명입니다.

조사 통계를 보니 사실이었습니다. 평생 원한은 아닐지라도 적어도 재학기간 내내 부대끼며 살아야 할 두 당사자가 '우리는 이렇게 고통스러운 과정을 동일하게 견디어 낸 한 몸'이라는 의식 속에서 친형제 같은 관계를 가지게 되었다는 것입니다.

# 예배당 문이 두 개인 이유

올림픽에서 여성 최초로 3관왕에 오른 미국 사람은 에셀다 블레이브트레이(Ethelda Bleibtrey)라는 수영선수입니다.

그녀는 1920년에 벨기에 앤트워프에서 열린 제 7회 올림픽에서 세 개의 금메달을 땄습니다. 그녀가 올림픽 금메달리스트라는 사실만큼 유명한 것은 그녀의 수영복에 얽힌 에피소드 때문입니다. 즉 그 올림픽이 열리기 한 해 전인 1919년, 그녀는 뉴욕 맨해튼 비치에서 '누드 수영' 혐의로 경찰에 체포되었습니다.

그녀가 누드였다는 것은 요즈음 개념의 누드가 아닙니다. 당시 뉴욕의 법에 따르면 여성이 수영복을 입을 때 온 몸을 가려야 했는데 그녀는 물에 들어가면서 스타킹을 벗었고, 그래서 다리가 맨살로 드러난 것이 '공중 노출'(public nudity)이라고 해서 문제가 되었던 것이었습니다. 이 소식을 들은 뉴욕 시민들의 항의로 그녀는 석방되었고, 나중에는 법도 개정되었는데 개정안은 sleeker European styles(여전히 반바지 또는 치마 정도로 추정됨)까지 허용하기로 했답니다.

요즘 기준으로 보면 말도 안 되지만 그때 그 시절에는 수영복에서 스타킹을 벗는 것이 잡혀갈 만큼 선정적인 사건이었답니다.

이처럼 어처구니없는 일이 초기 한국 교회에서도 있었습니다.

당시는 유교적 사고방식이 지배하던 때라 남녀가 같이 앉아서 예배드릴 수가 없었습니다. 그래서 생각해낸 묘안이 기역자(ㄱ) 예배당입니다.

평양 장대현 교회는 평양뿐만 한국 교회의 모교회격인 위치였는데 예배당을 지을 때부터 기역자 구조로 지었습니다. 그러나 대부분의 교회는 기역자 건물을 마련하기가 쉽지 않았습니다. 하는수없이 남자 여자 좌석을 구분하고 가운데에 휘장을 치는 것으로해결해야 했습니다. 출입문도 당연히 두 개일 수밖에 없었는데 이것은 휘장이 없어진지 오랜 후까지도 한국 교회 예배당 구조의 하나의 틀이 되었습니다.

오랜 유교적 문화 속에서 만들어진 전통은 하루아침에 바뀔 수있는 것이 아닙니다. 그러나 개화기에 생각이 앞선 지도자의 출현으로 교회는 바뀌기 시작했습니다.

우리나라 최초의 목사 중 한 명인 한석진(1869~1939년)은 어려서부터 글을 배운 양반이었으나 개화된 세계를 찾다가 복음을 받아 기독교인이 되었습니다. 그 후 신학을 공부해 목사가 되었는데 그의열린 사고방식은 한국 교회 초기에 많은 변화를 가져왔습니다.

그가 안동 교회에 부임했을 때의 일입니다.

안동교회는 1909년에 세워진 교회로 경복궁과 창덕궁 사이에있는 소위 '북촌'이라고 불리는(오늘의 안국동) 양반동네였습니다.

그 교회에도 예배당 중앙에 휘장이 있었는데 한석진 목사는 제직들을 잘 설득해서 휘장을 철거했습니다. 이 일은 별 것 아닌 것같아도 남녀유별을 유난히 따지는 양반들로서는 하나의 획기적인'사건'이었습니다.

또 그는 교회 안에 최초로 여집사 제도를 세운 것으로도 유명합니다. 기독교가 들어온 지 40년이 되도록 교회는 여자의 집사직분을 허락하지 않았습니다. 많은 논란 가운데 결국 총회에서 최종 결정을 봤는데, 1932년에 열린 총회에서 한석진 목사의 주장에 따라 여집사 제도를 시행하도록 결정했습니다.

예배당 가운데 남녀가 서로 바라볼 일이 없도록 휘장을 쳤다? 그리고 그것을 없애주었다? 여성도 논란 끝에 집사로 일하게 허락되었다? 이것은 무슨 옛날 옛적 이야기가 아닙니다. 종아리 드러난 수영복을 입었다고 경찰에 체포된 것이나 마찬가지로 고작 70–80년 전의 일입니다.

문화적 기준은 그 시대에 불변의 법칙처럼 군림하지만 시간이 지나면 언제 그랬었냐는 듯 우스운 에피소드로 남습니다.

앞으로 교회 문화가 얼마나 바뀔는지 궁금합니다. 한편으로는 목욕물 버리다가 아기까지 버리는 것은 아닌가 하는 염려도 듭니다. 왜냐하면 우리가 지켜야 할 불변의 신앙과 아름다운 문화가 있기 때문입니다.

# 박수 요금표

코미디언은 사람들을 웃기는 것이 직업입니다.

특별한 몸짓이나 말로 웃기는 그들의 재능은 대단한 재능이지만 아무리 유명한 코미디언이라도 늘 웃겨야 한다는 것은 부담이 아닐 수 없습니다.

시청자들의 반응은 잘 할 때야 박수를 쳐주지만 그렇지 못하면 언제 그랬냐는 듯이 얼굴을 바꿉니다. 말장난에, 넘어지고 자빠지는 저질 코미디라고 매도당할 뿐만 아니라 최소한의 인격조차 침해받는 경우도 있어 안타깝습니다.

어떻게든지 웃겨보려는 시도로 최근에는 가짜 웃음(canned laughter)을 내보내서 웃음을 유도합니다.

자세히 보면 별로 우습지도 않은데도 TV에서 웃는 소리가 나오면 자기도 모르는 사이에 웃게 되는 것입니다. 즉 조작된 반응에 따라 연출되는 것입니다. 사람들은 그같은 조작을 좋아하지 않지만 실제로는 효과가 있고, 수준이 낮은 코미디일수록 그 효과가 좋다는 것을 프로그램 제작자들은 알고 있습니다.

이와 같은 현상은 최근에 생긴 것이 아니라 오래된 역사를 가지고 있습니다. 1820년대에 오페라 극장에는 소위 '박수부대'(claquing)라는 것이 있었습니다. 이 사람들은 조작된 반응을 만드는 사람들이었습니다.

극장에서 박수와 환호가 필요하고, 그것이 사업적으로 가능성이 있다는 것을 발견한 프랑스 사람 소통(Sauton)과 포르셰(Porcher)는 직원을 고용해서 조작된 박수를 치는 일을 했습니다. 그들의 명함에 적혀있는 직함은 '공연 성공 보장 보험'(L'Assurance des Success Dramatiques)이었다는데 오페라 업계에서 관행이 되어버렸습니다.

이탈리아 박수꾼들의 서비스 요금표를 보면, "주인공 입장 시 박수 요금은 남자 25리라, 여자 15리라, 공연 시 평범한 박수 요금은 10리라, 눈에 띄는 박수는 15리라, 좀 더 활기찬 박수 17리라, '와! 와!', '브라보' 등의 목소리를 첨가하면 5리라, 어떤 경우든지 2회 반복하면 50리라, 열렬한 환호는 특별가격으로 조정" 등이었답니다. 그리고 이 요금표가 신문에 떳떳이 공개되었다고 하네요.

박수부대가 점차 성업하게 되면서 더욱 다양한 스타일의 반응이 등장했습니다. 예를 들면 가장 적절할 때 열광적으로 '앙콜' 외치기, 때로는 적시에 울어주기, 기립 박수 오래 치기 등입니다.

오늘날 가짜 웃음을 만들 때, 킥킥거리는 웃음, 껄껄대는 웃음, 한꺼번에 웃어버리는 폭소, 웃음과 함께 박수 등을 적절하게 배합하는 것과 마찬가지로 말입니다.

다른 사람들이 반응하는 것을 보여줌으로써 사람을 움직이려는 시도를 심리학에서는 '사회적 증거'(Social proof)라고 합니다.

오페라를 조작된 박수로 성공하게 하는 것이나 가짜 웃음을 사용해 코미디 프로그램의 시청률을 올리는 것과 마찬가지 원리를 상업적으로 이용하는 것입니다. 기업 광고 중에 거리에서 평범한 사람들에게 즉석 인터뷰(unrehearsed interview)를 통해서 제품을 선전하는 것이 그 대표적인 예입니다. 이 방식을 통해 '저 사람들도 그 제품에 대하여 저렇게 만족하고 있구나.' 하는 것을 확실하게 알릴 수 있습니다.

그러나 이런 즉석 인터뷰는 대부분 전문 배우를 고용해서 의도적으로 연출한 것인데 문제는 이것이 마치 순수한 '사회적 증거'인 것처럼 위장한다는 데 있습니다. 일종의 사기詐欺라고 봐도 될 겁니다.

남이 웃으니 나도 웃고, 남이 박수치니 나도 친다는 것은 어쨌든 기분 좋은 시간이니 그냥 모른 척 넘어가 줍시다. 그리고 남들이 좋다고 하는 제품이라도 꼼꼼하게 살펴봐서 좋으면 사고, 안 좋으면 안 사면 그만입니다.

문제는 여러 사람들이 한다고 해서 죄악된 일을 따라해서는 안 된가는 것입니다. 그리고 거기에 사단의 악한 저의가 있는지 반드시 살펴야 합니다.

예수께서는 많은 사람들이 들어가는 문으로 가지 말고 '좁은 문'으로 들어가라고 말씀하셨습니다. 비록 불편하더라도 거기에 생명이 있기 때문입니다.

# '항문'에 투약하시오

미국 보건성 보고에 따르면 병원에서 환자에게 약을 투여할 때 매일 평균 12%의 실수가 발견되었다고 합니다.

미국 템플 대학교 약학과 교수인 코헨(Cohen) 박사와 데이비스(Davis) 박사의 연구결과를 보면 병원에서 일하는 직원들, 이를테면 간호사, 약사, 인턴, 레지던트 등이 담당 주치의의 처방전을 전혀 의심없이 받아들이기 때문에 이같은 실수가 발생한다고 합니다.

그중 한 가지 사례를 소개합니다.

귀에 염증을 앓고 있는 환자에게 주치의는 환자의 오른쪽 귀에 투약할 것을 지시했습니다. 그리고 처방전에는 "Place in rear ear. 오른쪽 귀에 투약하시오."라고 써야 할 것을 약식으로 줄여서 "Place in R ear."라고 썼습니다. 그랬더니 간호사는 "Place in rear. 뒤에(항문에) 투약하시오."라고 이해하고 정말로 그렇게 했습니다.

귀가 아파서 귀를 치료하는데 귀가 아니라 항문에 약을 넣으라는 것은 아무리 생각해봐도 상식에 어긋나는 일인데 간호사와 환자 모두 아무도 의심하지 않고 그대로 따르더라는 것입니다.

의사로서 다년간 경력을 쌓은 주치의의 말에 이의를 달기가 쉽지는 않을 것입니다. 그래도 전문지식이 있는 간호사가 의사의 지시를 그렇게 기계적으로 따랐다는 것이 이상합니다.

심리학에서는 이것을 '권위에 대한 복종'(obedience to authority)이라고 말합니다.

앞의 경우에도 환자 자신뿐만 아니라 치료에 참여하는 간호사나 수련의들이 주치의의 권위에 예속되어 있기 때문에 그런 어처구니없는 일이 벌어질 수 있다는 것입니다.

그들은 일상 경험을 통하여 합법적인 권위에 복종하는 것이 가장 바람직하고 효율적인 행동이라는 것을 지속적으로 확인해 왔기 때문에, 비록 실수의 가능성이 있더라도 자동적으로 복종의 편에 서게 된 것입니다.

'권위에 대한 복종' 이론은 반대의 경우에도 증명되었습니다.

즉 권위가 없는 사람에게 기계적으로 배척하는 행동을 보이는 것으로 다음은 그 사례입니다.

미국 유명 대학에 재직하고 있는 교수들이 최근에 출판한 학술 논문 중에서 12편을 선택하고, 거기서 저자의 이름과 소속을 삭제한 뒤, 무명의 이름과 소속을 적어서 학술지 응모 원고로 제출하였습니다. 그러나 사실이 발각되지 않은 채 심사 과정을 거친 9편의 논문 중에서 최종적으로 게재 승인을 받은 논문은 단 한편에 불과했습니다. 퇴짜를 맞은 논문 8편은 이미 같은 심사과정을 거쳐 그 학술지에 게재된 것인데도 말입니다.

그렇다면 그 논문들이 승인된 요인은 명확합니다.

승인 여부가 논문의 내용이 아닌 저자가 누구냐 하는 직함(title)에 따라 달라진 것입니다. 유명 대학의 권위 있는 교수라고 하면 그의 논문도 자동적으로 그와 같은 권위를 갖는 현상은 논문의 질이 검증되지 않은 상황에서 큰 문제가 될 수도 있습니다.

예수님 당시 유대인들의 지도자였던 서기관들과 바리새인들은 남보다 뛰어난 지식이 있었습니다. 그러나 그들의 삶에는 진실함이 없었습니다. 그들은 율법을 상기시키는 단순한 상징물인 경문經文 (phylacteries)을 큼지막하게 만들어서 착용했고, 옷술(garments)도 유난 스럽게 길게 늘어뜨려서 권위를 나타내려 했습니다(마태복음 23장 5 절).

그렇게라도 해서 '권위에 대한 복종'을 얻을 수 있다면 얼마나 좋겠습니까마는 사람들의 존경은 겉으로 보이는 제복이나 직함 (title)만으로 얻을 수 있는 것은 아닐 것입니다.

# "다 죽어 가고 있다"

정신과 의사 엘리자베스 퀴블러 로스(Elisabeth Kübler Ross)는 말기 암 환자들을 통해 인간이 죽음에 직면했을 때의 상태를 연구했습니다.

1969년에 발행된 『죽음과 그 과정』(On Death and Dying)이란 책에서, 인간이 죽음을 선고받았을 때 그것을 받아들이기까지의 다섯 단계를 말하고 있습니다.

첫째 단계는 '부정'(Denial)입니다.

"아니야! 내 병은 죽을병이 아니야! 의사가 오진한 거야! 이 의사는 돌팔이야! 절대로 그럴 리가 없어!"

둘째 단계는 '분노'(Anger)입니다.

"왜 하필 나야, 세상엔 나보다 나쁜 놈들이 얼마나 많은데……."

셋째 단계는 '타협'(Bargain)입니다.

"하나님, 한번만 살려주세요! 만일 살려만 주신다면 뭐든지 하겠습니다."

넷째 단계는 '우울증세'(Depression)입니다.

아무리 부정하고, 분노하며, 타협해도 소용이 없다면 절망할 수밖에 없겠지요.

마지막 다섯째 단계는 '수락'(Acceptance)입니다.

"꼭 가야 한다면 할 수 없지……."

1960년대 오스트리아 어느 국립 병원에서 있었던 이야기입니다. 어느 50대 여자가 병원에 입원하여 암이라는 판정을 받았습니다. 의사가 1년 이상 살기가 어려울 것이라는 진단을 내리자, 환자는 의사에게 살려 달라고 매달립니다.

그러나 의사도 난처한 것이 그 환자의 증세로 보아 암은 분명한데 그것이 어떤 암인지 알 수 없는 것이었습니다. 그래서 암의 종류가 뭔지 알면 살 수 있다고 밖에는 말할 수 없었습니다.

그 환자는 자기가 앓고 있는 암이 무엇인지 알게 해 달라고 기도하기 시작했습니다.

"하나님, 내 병명을 알려줄 유능한 의사를 보내 주세요!"

그렇게 열심히 기도하던 어느 날, 낯선 의사가 그녀를 지나치다가 "She is moribund!" 라고 말하고 가 버렸습니다.

"Moribund?"

"내 병이 moribund암이라고?"

"아, 드디어 하나님이 내 기도에 응답하셨구나!"

그로부터 1년 후 그녀는 건강하게 퇴원할 수 있었습니다.

가족들과 의사들은 놀랐습니다. 회생 불가능한 암환자가 완치되었으니 그럴 수밖에요.

의사들은 무엇이 이 환자의 병세를 호전시켰는지 의학적으로 치료 과정을 분석하면서 연구했지만 분명치 않았습니다. 이에 환자가 말했습니다.

"의사가 병명만 알면 살 수 있다고 해서 병명을 가르쳐 달라고 기도했더니 하나님께서 내 기도에 응답하셨습니다. 어떤 의사가 와서 내 병명이 'moribund 병'이라고 진단해 주었습니다."

의사들은 당황했습니다. 'moribund'는 병명이 아니라 "다 죽어가고 있다."는 말이었기 때문입니다.

그래서 결국은 "이 환자가 치료될 수 있었던 것은 병명을 알면 고칠 수 있다는 환자의 믿음 때문이었다."라는 결론을 내렸습니다.

우리가 기억해야 할 것은 미래에 대한 소망은 죽을 사람도 살린다는 사실입니다.

"옛날이 오늘보다 나은 것이 어찜이냐 하지 말라 이렇게 묻는 것이 지혜가 아니니라"(전도서 7장 10절).

# 최후의 응답

조지 뮬러(George Muller, 1805-1898년)는 기도의 사람으로 유명합니다. 그는 영국 브리스톨에서 평생 고아들을 돌보는 사역을 했습니다. 고아원을 운영하면서, 늘 모든 것이 부족했습니다. 그러나 그때 바로바로 필요한 것들을 구하여 응답받았고, 이 사례들 중에는 기적과 같은 일들이 많습니다.

아이들에게 먹일 양식이 떨어졌을 때나 건물 관리비 등을 놓고 기도할 때 불과 몇 분 만에 정확하게 필요한 액수만큼의 돈이나 식료품이 공급되었습니다. 어떻게 그렇게 타이밍을 맞추어서, 어떻게 그렇게 정확한 양으로 채우시는지 신기하기만 합니다. 이러한 기적에 가까운 일들은 헤아릴 수 없이 많습니다.

그가 평생에 구체적으로 기도응답을 받았다고 생생하게 기억하는 사건만 해도 무려 5만 가지라고 합니다. 불신의 입장에서 이 모든 것이 우연이었다고 주장하기에는 그 수효가 너무 많습니다. 기도의 사람이니 밖으로 활동하기보다는 조용히 명상하는 것을 더 좋아하고, 영적으로 깊은 경지에 이르렀으니 어릴 때부터 성품이 남달랐을 것이라고 생각할 수 있지만 사실은 정 반대입니다.

세무공무원이었던 그의 아버지는 영적으로 깨어 있는 사람이 아니었습니다. 그러면서도 아들이 목사가 되기를 원했는데 하나님께 헌신하기를 바라는 마음에서가 아니라 목사의 직업이 안정적이었기 때문이었습니다. "편하게 먹고살기 좋은 직업은 목사만한 것이 없다(?)"라고 말했을 것 같습니다. 그러니 신앙 교육이 제대로 될 리 없었겠지요.

조지 뮬러는 열 살도 채 되기 전에 아버지가 관리하는 국고금을 훔쳤으며, 16살 때에는 가출하여 값비싼 호텔에서 무전취식을 하다가 감옥에 갇히기도 했습니다. 이 방황은 신학 공부를 하는 중에도 계속되었습니다.

그러던 그가 회심한 후, 그 친구들의 구원을 위하여 기도하기 시작했습니다. 그가 가장 시간을 많이 들여서 한 기도는 이것입니다. 그에게는 어렸을 때부터 같이 자란 친한 친구 다섯 명이 있었습니다. 시간이 지나면서 하나 둘씩 믿기 시작해서 세 사람이 믿게 되었으나 나머지 두 사람은 좀처럼 마음을 열지 않았습니다. 무려 52년 동안이나 그들의 구원을 위해서 기도했는데 말입니다.

그는 노년이 되어 병석에 눕게 되자 자기 인생의 마지막 날이 다가오는 것을 느끼게 되었습니다. 마지막 남은 힘으로 설교하던 어느 날, 묘하게도 52년 동안 기도해오던 한 친구가 우연히 그곳에 참석하게 되었습니다. 친구는 그 자리에서 회개하고 예수님을 영접하게 되었습니다.

그러나 뮬러는 나머지 한 친구의 회심을 보지 못하고 세상을 떠났습니다. 그런데 그때까지 안 믿고 있었던 친구가 뮬러의 죽음 소식을 듣게 되었고, 뮬러가 자기를 위해서 무려 52년간이나 기도했다는 이야기까지 듣게 되었습니다.

뮬러가 죽은 그해 그 친구도 결국 예수님을 믿게 되었고, 그 친구는 전 영국을 순회하면서 이런 간증을 했습니다.

"뮐러 목사님의 기도는 모두 응답되었습니다. 그리고 저는 그 최후의 응답입니다."

"아무 것도 염려하지 말고 오직 모든 일에 기도와 간구로 너희 구할 것을 감사함으로 하나님께 아뢰라 그리하면 모든 지각에 뛰어난 하나님의 평강이 그리스도 예수 안에서 너희 마음과 생각을 지키시리라"(빌립보서 4장 6-7절).

# 대신 감옥에 들어갈게

찰스 콜슨(Charles Colson)은 닉슨이 미국 대통령으로 재임하던 시절에 그의 보좌관으로 일했던 사람입니다.

그는 머리가 좋고 정확한 판단력을 가진 사람이었는데 불행하게도 워터게이트 사건에 연루되어 하루아침에 감옥에 갇히는 신세가 되었습니다. 그것은 총명하고 야망있는 사람에게는 견디기 힘든 시련이었습니다. 그러나 그 시련은 하나님의 사랑을 발견하는 계기가 되었습니다. 불신자였던 그가 감옥에서 예수 그리스도를 믿게 된 것입니다.

그를 변화시킨 것은 그의 세 친구였습니다.

헤트필더, 휴스, 퀘에라는 이름의 세 사람은 모두 상원의원으로 신실한 그리스도인들이었습니다. 그들은 감옥에 갇힌 그를 위해 시간을 정하여 기도하며 정기적으로 방문하여 위로했습니다.

그러던 중 콜슨의 형기가 7개월 정도 남았을 때 친구 중 퀘에는 그를 위하여 기도하던 중 그를 대신하여 감옥살이를 해야 하겠다는 감동이 생겼습니다.

변호사이기도 한 퀘에는 예전에 다른 사람의 형기를 대신 복역할 수 있는 특수한 법이 있었다는 것을 발견하고 법원에 제안했으나 법원은 그 법이 현재는 적용되지 않는다고 거절했습니다.

퀘에의 계획은 무산되었습니다. 그러나 그 시도는 친구 콜슨의 마음을 열게 했습니다.

"친구가 나를 대신하여 감옥에 들어간다?"

"현직 상원의원이 죄도 없이 죄수가 된다?"

"······."

남보다 똑똑하고 유난히 냉철했던 콜슨은 이 일로 인해 마침내 감옥에서 마음을 열고 복음을 받아들이게 되었고, 대가없이 베푸는 친구의 사랑 앞에 그의 교만은 무너졌습니다. 친구에게서 예수 그리스도의 사랑을 볼 수 있었던 것입니다.

그리스도인이 된 콜슨은 자신도 누군가에게 사랑을 베풀어야겠다고 생각했습니다. 수감중인 그가 만날 수 있는 사람은 동료 죄수들뿐이었습니다. 그는 그들을 어떻게 도울까 기도했습니다. 그러다 콜슨은 죄수들이 가장 싫어하는 일인 빨래를 자청해서 하기 시작했습니다. 사람들은 그런 그를 보고 의아해했습니다. 무슨 속셈이 있을 것이라고 생각하는 사람도 있었습니다.

그러나 한참이 지나도 한결같은 그의 모습을 보고 죄수들은 하나 둘씩 감동을 받기 시작했습니다. 그때부터 사랑의 교제가 시작되고, 기도 모임도 생겼습니다. 비록 감옥 안이긴 했지만 그곳은 천국이었습니다. 나중에 그는 자서전을 통해서 "평생 동안 집안에서 손가락 하나 까딱하지 않던 나는 저들을 사랑하면서 인생의 진정한 행복을 발견했다."고 고백했습니다. 더 나아가 콜슨은 거기서 평생토록 죄수들을 위해서 살겠다는 다짐을 합니다.

그는 형기를 마치고 나와서 감옥에서 결심한대로 '교도소 선교회'(Prison Fellowship)를 만들어서 죄수들에게 복음을 전하는 일에 힘썼습니다. 이로 인하여 나중에 종교계의 노벨상이라고 불리는 템플턴상을 받기도 했습니다.

　그를 변화시킨 것은 세 친구의 기도와 사랑이었습니다. 사랑 받은 사람만이 사랑할 수 있습니다.

　성경에서 가장 유명한 구절인 요한복음 3장 16절이 떠오르는 구절이 생각납니다.

　"그가 우리를 위하여 목숨을 버리셨으니 우리가 이로써 사랑을 알고 우리도 형제들을 위하여 목숨을 버리는 것이 마땅하니라"(요한일서 3장 16절).

# 인간의 다섯 가지 욕구

심리학자 아브라함 메슬로(Abraham Maslow, 1908-1970년)는 인간의 '욕구의 순위'(Hierarchy of needs)에 대한 이론으로 유명합니다.

러시아계 유태인 이민자의 자녀로 뉴욕에서 태어난 그는 부모의 권유에 따라 법률을 공부했지만 나중에는 심리학에 심취해 평생을 심리학 연구에 바쳤습니다.

그는 처음에는 원숭이의 집단생활을 통해서 심리학을 연구했습니다. 이후에는 미국으로 이민 온 유럽의 지식인들과 세계 각 나라의 거의 모든 인종이 모여 사는 뉴욕 브루클린에서 그들을 토대로 이론을 세웠습니다. 그의 유명한 책『Toward a Psychology of Being』(1968년)에 따르면 인간의 욕구 순위는 다음과 같습니다.

첫째, 신체적 욕구(The physiological needs)

이것은 인간이 존재하기 위한 가장 기본적인 조건들입니다.

숨 쉴 공기, 마실 것과 먹을 것 등 그야말로 생존을 위해 없어서는 안되는 요소들이고, 이것을 위하여 인간은 활동하고 휴식하고 자야 한다는 것입니다.

둘째, 안정의 욕구(The safety and security needs)

이것은 안전한 지역에서 거주한다거나 위험하지 않은 이웃을 두는 등의 조건을 말합니다.

더 나아가 보험을 들거나 은퇴 계획을 통하여 안전한 보금자리(nest egg)를 추구하는 것입니다.

셋째, 소속의 욕구(The love and belonging needs)

이것은 인간이 기초적인 욕구가 채워진 후 느끼는 것으로 친구나 가족 그리고 공동체와의 관계를 설정하는 것입니다.

이 때문에 결혼하며, 이 때문에 가족을 갖게 되고, 또한 공동체의 한 일원이 되는 것입니다. 그는 공동체 개념은 가족뿐만 아니라 교회의 멤버나 갱 단원이 되는 것, 그리고 어떤 스포츠클럽의 멤버가 되는 것도 동일하다고 합니다.

넷째, 인정의 욕구(The esteem needs)

명성을 얻거나 다른 사람에게 존경받는 등 좋은 평판을 얻는 것을 말합니다. 그리고 이것은 남에게 존경을 받는 것뿐만 아니라 자기 자신을 존경하는 자존(self-respect)도 포함합니다.

스스로 성취한 것을 신뢰한다면 만족스럽다고 할 수 있겠죠.

다섯 번째, 자아구현(Self-actualization)

이것은 그의 스승 Kurt Goldstein을 통해서 얻은 개념으로, 인간은 앞서 말한 모든 것이 채워진다고 하더라도 자신이 가진 것 이상의 가능성을 꿈꾸고 더러는 성취한다는 것입니다.

그렇게 자아구현을 성취한 사람(self-actualizer)을 예로 든다면 아브라함 링컨이나 마하트마 간디, 앨버트 아인슈타인 같은 사람들입니다. 그들은 잠재적 가능성을 실제로 구현한 사람들이라는 것이죠.


심리학이라는 다소 심각한 학문의 이론이지만 우리 주변을 돌아보면 수긍이 가는 이야기입니다. 특히 그의 연구 대상이었던 이민 1세로서 말입니다.

재미있는 것은 한국인의 경우에는 둘째와 셋째가 바뀐 것 같다는 느낌입니다. 해마다 연말이 되면 코리아타운 대형 음식점에서 동창회, 향우회, 전우회, 각종 친목회 등 참으로 많은 모임이 있습니다.

실제적인 모임도 있겠지만 더러는 별로 친하지도 않은데 그야말로 모임을 위해서 모이는 맹목적인 경우도 있을 것입니다.

한인들의 이런 유별난 풍속은 소속감을 확인하고 자신의 정체성에 집착하는 소속의 욕구가 분명합니다. 조금만 튀면 끌어내리거나 왕따시키는 것이 두려워서 그러는지는 몰라도 말입니다.

영적으로 볼 때 우리의 소속은 어디인가요?

"우리는 하나님께 속하였으니 하나님을 아는 자는 우리의 말을 듣고 하나님께 속하지 아니한 자는 우리의 말을 듣지 아니하나니 진리의 영과 미혹의 영을 이로써 아느니라"(요한일서 4장 6절).

# 잠에 빠진 날

3월 17일은 아일랜드 사람들의 최대의 명절인 '성 패트릭 데이'(St. Patrick's Day)입니다. 이 날의 주인공 패트릭의 본명은 매윈(Maewyn)인데 그는 AD 385년 스코틀랜드 웨일즈 지방에서 로마 관리의 아들로 태어났습니다.

그가 16세가 되던 해에 그가 살던 도시가 아일랜드 해적에게 습격을 당하고, 노예로 끌려가서 아일랜드에서 양치기하는 신세가 되었습니다. 그의 이름은 '패드레익'(Padraig)으로 바뀌었고요.

그는 6년 동안 언트림이란 곳의 산비탈에서 양을 치면서 노예로 지냈습니다. 그러나 신앙이 있는 그에게 그 고통의 기간은 하나님께 더욱 가까이 다가가는 좋은 계기가 되었습니다. 그는 꿈에 나타난 천사의 도움으로 마침내 그곳을 탈출할 수 있었습니다. 200마일 이상을 걸어 도망친 그는, 드디어 배를 타고 아일랜드 바다를 건너서 영국으로 향했습니다.

그러나 그가 도착한 곳은 영국이 아니라 프랑스였습니다. 그는 그 프랑스 땅에 있는 마모띠에(Marmourtier) 수도원에서 20년 동안 수도사로 지내게 되었고, 마침내 하나님의 소명을 따라 프랑스를 떠나게 되었습니다.

그런데 그가 발걸음을 옮긴 곳은 그의 고향 스코틀랜드가 아니라 그가 잡혀 가 노예로 지냈던 아일랜드였습니다. 그가 받은 소명은 하나님을 알지 못하는 아일랜드 이교도에게 복음을 전하는 것이었습니다.

432년 봄, 패트릭은 마침내 24명의 추종자들과 함께 아일랜드에 도착했습니다. 그는 효과적인 선교를 위해서는 당시 아일랜드의 왕인 라오아일(Laoghaire)의 허락이 필요한 것을 알고 그를 만났습니다.

그 때 그는 흔한 토끼풀(세 잎 클로버, shamrock)을 뜯어 보여 주면서 삼위일체 교리를 설명하였고, 특별하게도 왕은 이 때 개종하게 되었으며 아일랜드 땅에서의 선교의 자유를 허락했습니다. 패트릭은 학교와 교회를 세우는 사역으로 아일랜드 전역을 기독교화하는 데 성공했고, 그것은 30년이나 걸린 수고의 열매였습니다.

아일랜드 사람의 입장에서 보면, 자기를 잡아다가 6년 동안이나 노예로 부린 곳으로 찾아와서 일생을 바쳐 그리스도의 복음을 전한 패트릭이 얼마나 고마운 사람이겠습니까! 그래서 그들은 패트릭을 아일랜드의 수호성인(천주교적 개념)으로 삼고, 그의 죽은 3월 17일을 축일祝日(역시 천주교적 개념)로 지킵니다.

성 패트릭 데이는 9세기경부터 기념되었는데 그가 죽은 날을 '잠에 빠진 날'(falling asleep)로 기리기 시작했습니다. 미국에서는 1737년 보스턴에서 아일랜드 자선단체가 성 패트릭의 날을 기념하는 것을 시작으로 오늘에 이르렀습니다.

오늘날 성 패트릭 데이를 기념할 때 일주일 동안 요란하게 축제(Festival)를 벌입니다.

음주가무의 파티, 불꽃놀이 등을 즐기며, 마지막 날에는 퍼레이드를 하는데 이 때 아일랜드를 상징하는 초록색으로 셔츠나 양말, 아니면 손수건, 그것도 없으면 염색이라도 하고, 가슴에는 클

로버로 장식합니다.

절기의 참 의미는 그렇게 들뜬 분위기는 아닐 것입니다. 차분한 기념 예배, 아니면 차라리 선교 대회라도 열어야 하는 것이 아닐까 싶습니다만 어쨌든 예수 그리스도의 복음을 전해 준 사람을 잊지 않고 1,700년 동안 기념해왔다니 놀라운 일입니다.

# 영성 재충전

'라브리 운동'으로 유명한 프란시스 쉐퍼(Francis August Schaeffer, 1912-1984년)는 기독교 영성운동을 주도한 20세기 대표적인 기독교 지성인입니다.

그는 1912년 1월 30일 미국 펜실바니아의 독일계 미국인으로 태어났습니다. 어릴 때부터 교회에 다니긴 했어도 하나님에 대하여 알지 못했습니다. 신앙을 가지려고 무던히 노력했지만 무신론이나 불가지론(하나님의 존재는 인간이 알 수 없다는 이론)에 머물 수밖에 없었습니다. 그것은 참으로 답답한 시간들이었습니다.

그러나 이것은 그가 나중에 그리스도인이 된 후 자기와 같은 입장에 있는 지성인들을 위해 헌신하는 계기가 되었습니다. 그의 이력을 더듬어 보면 다음과 같습니다.

18세에 성경을 통하여 모든 신앙적 방황에 해답을 얻은 그는 목사가 되기 위하여 신학교에 입학했습니다. 목사가 된 후에는 필라델피아와 세인트루이스에 있는 교회에서 10년간(1938-1947년) 목회 사역을 했습니다.

그는 선교사로, 대학교수로, 교회 담임목사로 활동하면서 많은 저서와 강연을 통하여 예수 그리스도의 복음을 전하였습니다. 무엇보다도 그의 사역을 대표하는 것은 '라브리 운동'입니다.

라브리(L' Abri, 불어로 '오두막' 혹은 '피난처'라는 뜻) 운동은 말 그대로 산골의 소박한 집에서 공동체 생활을 하는 것을 말합니다. 별명이

'영적 진료소'인데서 알 수 있듯이 이것은 신앙적인 재충전을 돕는 사역입니다.

그런 가운데서 저술도 많이 했는데<sup>(모두 23권)</sup> 그의 신앙과 사상이 담긴 유명한 책으로『이성에서의 도피』<sup>(Escape From Reason)</sup>,『거기 계시는 하나님』<sup>(The God Who is There)</sup>,『거기 계시며 말씀하시는 하나님』<sup>(He Is There and He Is Not Silent)</sup> 등입니다.

프란시스 쉐퍼는 이성적 판단과 지성으로 사는 사람이 회심하여 복음 사역자가 되었다는 것과, 다분히 학자적인 복음전도자가 신비한 영적인 체험을 통해 영성운동을 했다는 점에서 주목할만합니다. 왜냐하면 현대는 지성주의 쪽으로 아니면 영성주의<sup>(혹은 영파)</sup> 쪽으로 치우치는 경향이 있고, 그 둘 사이의 접촉이 쉽지 않기 때문입니다.

특별히 주목되는 것은 성경을 통하여 신앙의 확신을 얻었다는 것과, 말씀연구 위에 묵상과 기도를 통한 성령체험으로 영적인 충만을 경험했다는 것입니다.

기도원 운동과 같이 성령의 은사와 체험을 강조하는 것은 냉랭한 신앙에 활기를 불어넣고 체험적 활기를 주는 유익이 있는 반면 잘못하면 지나치게 은사주의 쪽으로만 치우치는 위험이 있습니다.

개인적으로 유익하고 소중한 체험이 극단적인 광신주의<sup>(extremes of fanaticism)</sup>로 빠진다면 신앙적인 균형<sup>(moderation)</sup>에서 벗어날 수밖에 없습니다.

영성운동, 영성운동 하지만 그 '영성'<sup>(spirituality)</sup>이란 단어가 보편적으로 사용되기 시작한 1980년대 이전에는 같은 의미로 '경건'

(piety)이란 단어를 사용했습니다.

'영성운동'이라 불리는 것이 있기 전에 이미 같은 성격의 '경건주의 운동'이 있었습니다. 세속화된 삶에서 거룩한 삶을 추구하는 청교도 운동 말입니다. 근본적인 목적은 동일한데 그 과정에서 성령의 능력을 강조하다 보니 그렇게 된 것 같습니다.

성령의 은사들이 성령의 열매들을 위한 도구라면 열매가 없는 은사가 무슨 의미가 있겠습니까?

프란시스 쉐퍼의 탁월한 경험적 가르침도 성경 묵상과 기도를 통해서 얻었다고 하니, 종교 개혁자들의 경건 운동이든 청교도 운동이든, 아니면 영성운동이든 왕도는 성경과 기도인듯 합니다.

# 보여줄 게 없으니…

로스 엔젤레스에서 그랜드 캐니언까지는 약 500마일, 차로 여덟 시간 걸립니다. 그 가는 길 중간쯤에 런던 브리지가 있습니다.

*I-40으로 300마일쯤 가면, 캘리포니아 주와 아리조나 주를 갈라놓는 콜로라도 강이 나오고, 하류 쪽으로 20마일 정도 가면 하바수 호수(Lake Havasu)가 있습니다. 그곳에 유명한 런던 브리지가 있고, 그 다리 하나 때문에 도시(Lake Havasu City)가 생겼습니다.

다리 때문에 도시가 생겼다? 의아한 이야기이지만 사실입니다. 오늘은 그 다리에 얽힌 얘기를 소개하려고 합니다.

하바수 호수는 2차 대전 당시 군용기 시험 비행하는 장소로, 군인들의 휴양지로 쓰였을 뿐 허허벌판의 호수에 불과했습니다.

1963년 당시 땅값이 에이커 당 75달러였다고 하니 거의 버려진 땅이라고 해도 틀리지 않습니다. 그런 땅이 오늘날 한 해에 수십만 명이 다녀가는 유명한 관광지가 된 것은 한 사람의 꿈에 의해서입니다. 그 사람은 맥컬록(Robert A. McCulloch)이라는 사업가입니다.

그는 대학에서 Engineering을 공부한 후, 처음에는 경주용 차 엔진을 제작하고, 전기톱을 제작하는 등의 사업을 했고, 나중에는 석유회사(McCullush Oil Corporation)을 경영하면서 부자가 되었습니다.

---

* "I" 는 interstate highway, 주를 통과하는 고속도로

어느 날 그는 하바수 호수를 보고 보통 사람은 생각지도 못하는 꿈을 갖게 됩니다. 이곳에 런던 브리지를 옮겨오면 어떨까?

그것은 상식적으로 무모한 일이었습니다. 그러나 그는 실행에 옮겼습니다. 그 다리는 1831년 영국 런던를 가로지르는 템즈 강 (Thames River)에 건설된 것으로 순전히 돌로 만들어진 다리입니다. 공교롭게도 그 다리가 1962년에 무너졌습니다.

McCulloch는 그 다리를 사들이는 데 246만 달러를 지불했습니다. 1968년의 일입니다. 그리고 그것을 옮겨오기 시작했습니다

13만 톤 무게의 돌들을 배에 싣고, 대서양을 건너서, 파나마 운하를 지나 롱비치 항구까지 1만 마일을 와서, 롱비치에서부터는 그 모든 돌들을 트럭으로 날랐습니다.

드디어 1968년 9월 23일, 역사적인 런던 브리지 재건축이 시작되었고, 그로부터 3년 후인 1971년 10월 10일, 런던 브리지는 오늘의 모습으로 완벽하게 재건되었습니다. 그것은 10만 명의 인부와 1만 대의 차량이 동원된 엄청난 공사였습니다.

다리가 놓인 후 하바수 호수 주변에 영국식 2층 버스, 공중전화 박스, 영국 풍의 음식점 등을 등장했고, 호수에는 보트와 유람선이 떠다닙니다. 허허벌판에 호수밖에 볼 것이 없었던 그곳은 오늘날 100개의 회사, 2개의 신문사, 2개의 대학이 있는 인구 4만 9,000명의 큰 도시가 되었습니다.

가 보면 별 것 아닙니다. 여름에는 더위가 거의 찜통 수준이지만, 그런데도 사람이 미어터집니다. 사람들은 그 다리 앞에서 사진 한 장 찍겠다고 줄지어 있습니다.

고작 200년 남짓의 역사 가지고는 보여 줄 것이 없으니 가진 영

국의 유서 깊은 다리라도 사다가 보여 주겠다는 발상, 그 덕분에 그야말로 별 볼일 없는 촌 동네가 기막힌 볼거리를 갖게 된 겁니다. 그 런던 브리지가 그 동네의 가치를 완전히 바꾸어 놓은 것이지요.

성경은 인간이 질그릇과 같은 존재라고 가르칩니다. 나무도 못 되고 쇠도 아닌 보잘 것 없는 흙이라고 말합니다. 그런데 그 안에 무엇을 담느냐에 따라 가치가 달라집니다.

"우리가 이 보배를 질그릇에 가졌으니 이는 능력의 심히 큰 것이 하나님께 있고 우리에게 있지 아니함을 알게 하려 함이라"(고린도후서 4장 7절).

# 마녀의 빵

미국 작가 중 오 헨리(1862–1910년, 본명은 W. Sidney Porter)는 서민적이고 감동적인 작품으로 유명합니다.

「마지막 잎새」(The Last Leaf)나 「크리스마스 선물」(The Gift of the Magi)등이 대표작으로 그의 글은 대부분 짧으면서도 긴 여운을 줍니다. 그의 작품은 대개 마지막 부분에 가서 극적인 반전으로 마무리 되기 때문에 평론가들은 그를 '반전의 귀재'(The master of surprise endings)라고 부릅니다. 그의 단편 중 「마녀의 빵」을 소개하려고 합니다.

주인공 마더 미첨은 작은 빵가게를 운영하는 인정 많고 착한 마흔 살 노처녀입니다. 그녀는 자기 가게에 정기적으로 빵을 사러 찾아오는 중년 남자 손님 하나를 주목하게 됩니다.

그의 이름은 불럼버거, 외모는 약간 허름했습니다. 그는 늘 낡은 옷에 구겨지고 헐렁한 옷을 입었고, 수염을 기르고 안경을 낀 모습으로 형편이 넉넉해 보이지는 않았습니다. 그는 늘 식빵을 사 갔는데 특이한 것은 새로 구운 빵이 아니라 오래되어 굳은 식빵을 찾았습니다. 그것은 새 식빵의 절반 가격이었습니다.

어느 날 그녀는 그 남자 손님 손에서 물감이 묻어 있는 것을 보았고, 넉넉지 않아 보여도 늘 예의 바른 그가 가난한 화가일 것이라고 생각했습니다. 그녀는 그에 대하여 관심을 갖게 되었고, 그가 정말 화가인지 알고 싶었습니다.

그래서 그녀는 풍경화 한 점을 사서 가게에 걸어 놓았습니다. 그가 정말 화가라면 그림을 보고 분명히 뭐라고 말을 할 것이라는 생각에서였습니다. 짐작대로 그는 그 그림을 보고 전문적인 멘트를 해 주었고, 그래서 그녀는 그가 화가라고 단정지었습니다.

그녀는 그 가난한 화가가 늘 딱딱하게 굳어버린 빵만을 사 먹는 것이 안타까웠습니다. 어쩌면 천재적 재능이 있는지도 모르는데 며칠씩 지난 빵을 먹으며 좁은 다락방 같은 데서 살다니……. 그녀는 마음대로 상상하고 동정했습니다.

그러던 중 그의 얼굴은 점점 수척해가고 있었습니다. 그를 위하여 무언가 해 주고 싶었지만 여의치 않았습니다.

그러던 어느 날이었습니다.

그 날도 그는 역시 똑같은 굳은 빵을 주문했고, 그녀는 빵을 꺼내 포장하려는 참이었습니다. 이 때 마침 소방차가 지나갔고, 그 요란한 소리에 그가 밖을 내다보는 사이, 그녀는 재빨리 빵을 갈라 신선한 버터를 몰래 집어 넣었습니다.

그가 집에 돌아가서 그 맛없는 빵을 먹다가 버터를 발견할 것을 생각하니 가슴이 두근거렸습니다. 그녀가 오만가지 상상을 하며 혼자서 미소를 짓고 있는데 얼마 후 그가 급하게 가게 문으로 들어왔습니다.

그런데 웬일인가요? 그는 굉장히 화가 나 있었고, 그녀는 뭔가 크게 잘못되었다는 것을 직감할 수 있었습니다.

그것은 엄청난 일이었습니다.

그는 건축 설계사로 새 시청 설계도를 그리는 중이었는데 석

달 동안이나 그려서 거의 완성된 설계도면을 그녀가 망쳐 놓은 것
이었습니다. 굳은 식빵은 연필로 그린 도면을 지울 때 지우개로 사
용되었는데 그녀가 몰래 넣어준 버터 발린 빵이 그만…….

　나름대로 잘 해 보려고 한 일이 망쳐진 것은 순전히 의사소통
의 문제입니다. 무엇이 필요한지도 모른 채 베푼 친절은 해프닝으
로 끝나버리고 말았지만 정성만 있으면 되는 줄 알고 자기방식대
로 하나님을 섬기는 열심은 어떻게 되나요?
　"너희가 성경도 하나님의 능력도 알지 못하는 고로 오해하였도
다"(마태복음 22장 29절).

# 먹기에 합당한 음식

신앙을 가진 사람들이 어떻게 하면 믿음에 따라 정결하게 살수 있을까 고민하는 것은 당연합니다. 믿음의 대상인 하나님을 기쁘시게 하는 것이 신앙생활의 기본이라고 할 수 있기 때문에 그렇습니다.

하지만 무엇은 하면 안 되고, 무엇은 먹지 말라는 식의 금기는 당사자에게 심각한 문제일 수 있습니다. 문화에 따라 시대에 따라 해석을 달리할 수 있는 사안들을 획일적으로 금지, 혹은 허용하는 것은 율법주의적 굴레를 씌우는 것이 될 것이고, 개인의 자유에 맡긴다고 해도 현실적으로는 타인의 시선과 눈총에서 완전히 자유롭지는 못합니다.

일반적으로 종교에는 금욕 조항이 있는 것이 특징입니다만 그것이 왜 그래야 하는지를 설명할 수 없다면 단지 불편한 것일 뿐 의미는 없습니다. 반대로, 의미가 분명하다면 힘들고 괴로워도 오히려 기쁨이 될 것입니다. 이런 관점에서 성경과 신학은 보편적인 기준을 제시해 줄 수 있습니다.

가장 대표적인 것이 구약성경(레위기 11장)에 나오는, 먹을 음식과 먹지 말아야 할 음식의 규정입니다.

먹어도 되는 짐승과 물고기와 새에 대한 규정은 왜 주어진 것이며, 무슨 뜻이 있는 것일까요? 많은 기독교인들이 이에 대하여 분명한 원칙을 갖지 못한 채 적당히 넘어가려고 합니다.

"하나님이 금하신 것들은 현대 의학으로 봐도 다 발암물질이 들어있는 것이래…" 라든지, "건덕(健德) 차원에서 개인이 판단할 일이지 타인이 시비할 일이 아니야!" 라는 대답은 본질을 말하는 것이 아닙니다.

성경이 위생의 가치를 말했다고 하더라도 거기에 영적인 뜻이 없을 수 없고, 왜 그래야 하는지 모르면서 금기만을 주목한다면 바리새인과 같이 외식으로 흐르게 될 것입니다.

레위기 신학에 따르면 이 세상의 모든 사람이나 사물이나 생물은 세 가지 중 하나에 속해 있습니다. 부정(不淨)한 것, 정한 것, 거룩한 것. 정하지 못한 상태로는 하나님과 정당한 관계를 가질 수 없습니다. 만일 부정하다면 정하게 되어야 할 것입니다. 성경이 "…는 부정하니 먹지 말라."는 식으로 기록된 것은 바로 그 금기의 이유를 나타내는 것입니다.

식사에 관계된 규정들을 '카샤룻'(חודשכ)이라고 합니다. 이에 따라 제사장은 먹기에 합당한지 합당치 않은지를 판단하고, 합당한 음식에 대하여 '코셜'(רשכ)이라고 인증합니다.

미국 식품점에서 상표에 '코셜'(Kosher)이라는 사인이 있는 식품은 랍비가 공식적으로 인정한 음식입니다. 정한 음식을 먹는 것만큼 중요한 것은 음식을 담거나 조리하는 기구들입니다. 아무리 코셜이라고 해도 부정한 그릇에 담기면 부정한 것(פירט 트라이프)이 되기 때문입니다.

유대인들은 트라이프를 코셜에 맞게 설거지하기 위하여 반드시 끓는 물로 씽크대를 닦습니다. 나이프나 포크는 삶습니다. 기름이 묻은 그릇이나 오븐은 불로 지집니다. 그래서 유대인의 가정에는 휴대용 가스 토치가 비치되어 있습니다.

찬송가 332장 후렴의 "물가지고 날 씻든지 불가지고 태우든지 내 안과 밖 다 닦으사…" 라는 구절은 유대인의 정결법으로 표현한 것입니다.

유럽 인구의 3분의 1이 죽은 흑사병이 돌 때에 유독 유대인들만 멀쩡해서 괜한 미움을 받은 것은 유난스러울 정도의 신앙적 정결의식이 가져다 준 보너스가 아닌가 싶습니다.

"너희는 내게 거룩할지어다 이는 나 여호와가 거룩하고 내가 또 너희를 거룩하게 구별하였음이니라" (레위기 20장 26절).

# 미완성 효과

잊을 수 없는 첫사랑이란 실패를 전제합니다. 성공했다면 굳이 첫사랑이라고 할 필요가 있겠습니까? 이루지 못한 사랑이기에 잊혀지지 않는 것이고, 그것이 비록 가슴 아픈 사연이라고 해도 소중하고 애틋한 추억으로 남아 있습니다.

비극적으로 막을 내린 드라마나 영화도 오래 기억에 남습니다. 영화 "러브 스토리"나 "라스트 콘서트" 같이 시한부 인생으로 사랑하는 사람을 잃는 이야기가 대표적입니다.

"그들은 그렇게 순수하고 아름다운 사랑으로 맺어져서 검은 머리 파뿌리 되도록 별 탈 없이 잘 먹고 잘 살다가 죽었다."는 식의 이야기라면 어떤 긴장도 궁금증도 그리고 감동도 없습니다. 그리고는 이내 기억에서 지워지고 맙니다.

그러나 "그들이 그렇게 순수하고 아름다운 사랑을 했음에도 불구하고 좋게 맺어지지 못하고 비극적으로 그것도 아주 가슴 아프게 막을 내려야 했다."고 할 때 왜 저렇게 비참하게 끝나야 하는지 함께 슬퍼하며 동정합니다. 그리고 애절한 여운과 함께 오래도록 기억됩니다.

성공한 연속극은, 물론 드라마의 내용이 좋은 것이겠지만 매회마다 어떻게 결말짓느냐에 따라 다릅니다. 그날그날 방송된 내용이 흐뭇하게 완결되면 쉽게 잊혀지지만 미완성으로 남겨둔 채 끝나 버리면, 시청자들은 다음 방송을 기다리게 됩니다.

프로그램 제작자들은 더 나아가 다음 회 방송 예고편을 내보내서 호기심을 자극합니다. 가장 긴장감 있는 장면 몇 개와 대사로 위기감까지 조성하면서 말입니다.

드라마 내용이야 모두 거기서 거기지만 이런 조작은 시청률을 올리는 훌륭한 수단이 됩니다. 게다가 일간지 연예 소식란에 "무슨 드라마 시청자들이 작가에게 항의하다"라는 식의 보도로 궁금증을 유발시키면 시청률 올리는 것은 일도 아닙니다.

유태인 심리학자인 자이가르니크(Dr. Bluma Zeigarnik)는 어느 날 일행 몇 명과 함께 식당에 다녀왔습니다. 그리고 얼마 후 식당에 다시 가 전에 시중을 들었던 웨이터를 만나 지난 번 일을 물었습니다.

그는 주문을 받고 서빙을 하고 계산을 끝낼 때까지의 일들을 소상하게 기억하고 있었습니다. 그러나 계산을 끝낸 후에 일어났던 일들은 거의 기억하지 못했습니다. 웨이터의 입장에서는 자기 임무를 다하고 계산이 끝난 마당에 더 이상 기억할 필요가 없었겠지요. 당연한 결과지만 자이가르니크는 이런 현상에 주목했습니다. 그리고 다음과 같은 실험을 했습니다.

32명의 피험자들에게 수수께끼나 암산 문제를 풀게 했습니다. 그중 절반의 사람에게는 모든 문제를 풀 수 있도록 충분한 시간을 주었고, 나머지 사람들은 중간에 중단시켰습니다.

몇 시간이 지난 후 자기가 푼 문제들을 기억하게 한 결과, 문제를 다 푼 사람들은 도중에 중단시킨 사람들보다 그 문제의 내용을 잘 기억하지 못했습니다.

심리학에서 미완성 과제에 대한 기억이 완성 과제에 대한 기억보다 우수한 현상을 자이가르니크 효과(Zeigarnik Effect)라고 합니다.

신앙생활은 성공과 실패의 연속입니다. 그러나 더 기억에 남는 것은 아름답고 좋았던 일들보다 후회되는 일들일 것입니다.

핍박자였던 사도 바울은 믿음을 가지고 나서 자기가 "죄인 중에 괴수"라고 말했습니다. 베드로는 새벽닭이 우는 소리를 들을 때마다 통곡했다고 하고요. 그들이 잊지 못할 실패의 기억을 헌신적인 사역으로 회복시킨 것을 보며 희망을 갖습니다.

실패로 인하여 괴로운 기억이 있는 여러분, 기억하세요. 인생은 미완의 과제를 완성시키는 과정입니다.

# 청개구리 심리

어릴 때 들은 청개구리 이야기는 감동적인 우화 중 하나입니다. 엄마 말 안 듣고, 하라는 것은 안하고, 하지 말라는 것만 골라 하는 청개구리 아들에게 엄마는 산에 묻히기를 바라는 마음으로 강가에 묻어달라고 유언을 합니다. 뒤늦게 개심한 아들은 정말로 엄마 말씀대로 했고, 그래서 비만 오면 엄마가 떠내려 갈까봐 그렇게 운다는 이야기 말입니다. 어린 마음에 비오는 날 개구리 우는 소리를 들으면 정말 그런 듯 서럽게 와 닿았었습니다.

미운 일곱 살 때부터 청소년기까지 청개구리 흉내 안 내본 사람은 없을 것입니다. 그러나 하지 말라는 것을 하고 싶어하고, 하라는 것은 하기 싫은 것은 어린 사람들만의 이야기가 아닙니다.

판소리 흥보가에서 놀부의 심술은 대단했습니다. 구체적으로 놀부 심술 사례를 늘어놓기 전 사설은 이러합니다.

"사람마다 오장이 육부인디 (얼쑤!), 이노옴 놀부는 오장이 칠부였다아! (그렇지!)"

그의 뱃속에는 신체 구조상 심술보라는 장기가 하나 더 있어서 하지 말라는 일들을 그렇게 했다는 것입니다. 그러나 초상집에 가서 노래하고, 불난 집에 가서 부채질하고, 애호박에다 말뚝 박고, 응가하는 아이 주저앉히는 것은 비단 놀부에게 뿐만 아니라 모든 인간의 본성 가운데 잠재되어 있는 속성이기도 합니다. 이것을 심리학 용어로 '심리적 반발'(Psychological Reactance)이라고 합니다. 인간의 심리에 정말 그런 면이 있는 것을 다음 몇 가지 사례로 생각해 봅니다.

- 공사장 담벼락에 구멍을 뚫어 놓고, '경고, 절대로 들여다보지 마시오!' 라고 써 놓으면 지나가는 사람들이 더 많이 들여다보았다.
- 어떤 제과회사에서 새로 개발한 껌에 '여성 전용 껌' 이라고 썼더니 남성들에 의해서 판매량이 늘어났다.
- 화장실에 낙서하지 말라는 경고를 강경하게 쓴 곳과 부드럽게 쓴 곳 중에 강경하게 경고한 화장실에 더 많은 낙서가 발견되었다.
- 고급 옷가게에서 "이 옷은 너무 좋은데 비싸서 못사실 것 같다."고 적당히 자극하면 무리해서라도 사 간다.

한번쯤은 들어서 알고 있거나 수긍이 가는 이야기가 아닙니까?

이번에는 청개구리 심리를 이용해서 정신병을 치료한 심리학자 엘리언의 사례를 소개하려고 합니다.

만성 정신 분열증으로 9년간 정신병원에 입원한 47세의 환자가 있었습니다. 그녀의 문제 행동 중 하나는 남의 수건을 훔쳐 자기 병실에 갖다 놓는 것이었습니다. 그녀의 방에는 항상 20여 장의 수건이 쌓여 있었고, 다른 환자와의 마찰은 끊이지 않았습니다.

간호사들은 그녀가 쌓아놓은 남의 수건을 치우면서 말렸습니다. 적당히 타이르기도 하고 때로는 위협하기도 하면서 말입니다. 그러나 환자는 달라지지 않았습니다.

치료 프로그램은 청개구리 심리를 이용하는 것이었습니다. 즉 그 환자에게 수건을 많이 갖지 못하도록 하는 것이 아니라 반대로 많이 갖다 주는 것입니다.

매일 7장씩 주던 것을 점차 늘려 13주가 지나자 수건이 625장이 되었고 이 때부터 수건을 내다 버리기 시작하더라는 것입니다.

이런 치료 방법을 심리학에서는 '자극 포만 기법'(Stimulus Satiation Technique)이라고 합니다.

이것은 응석받이들 밥 안 먹는 버릇을 고치는 데도 큰 효험이 있을 것 같습니다. 안 먹겠다고 하면 비록 가슴 아프지만 몇 끼 내버려 두었다가, 마침내 먹겠다고 할 때 짐짓 말리면 악착같이 먹겠다고 하지 않겠습니까?

주일 오후 성경공부를 홍보할 때도 "그거 별 볼일 없습니다."라고 말해야 할는지 고민하면서 볼 부은 청개구리를 떠올려 봅니다.

# 초록은 동색

영어를 배우기 시작할 때 외웠던 문장이 있습니다.

"Birds of feather flock together."

깃털이 같은 새들은 모여서 떼를 이룬다는 뜻입니다. 우리 속 담도 같은 뜻을 가진 말을 찾자면 '가재는 게 편'이고, '초록은 동 색'이라는 말이 해당될 것입니다. 같은 종류라서 서로 관심을 갖 는 것은 당연합니다. 자신의 생각을 지지해 주고 맞장구쳐 주는데 눈에 띄지 않을 리 없고, 그러다 보면 자연스럽게 어울리며 마음까 지 통하게 됩니다.

만일 비슷하지 않은 사이라면 자연히 의견 충돌과 갈등이 생길 것입니다. 상대의 생각을 인정해 주지 않고 무시하는데 관계가 좋 을 수는 없겠죠.

다양한 인종이 섞여 사는 미국에서 인종간의 혼혈이 엄청나게 많을 것 같지만 조사에 따르면 신혼부부의 99%가 동일한 인종이 고, 94%가 동일한 종교를 가지고 있답니다. 뿐만 아니라 그들의 교 육 수준, 경제적 배경, 심지어는 신장이나 눈동자 색깔까지도 비슷 하다고 합니다. 잘난 사람은 잘난 대로, 못난 사람은 못난 대로 만 나는데 중요한 것은 끼리끼리 만난다는 것입니다.

전 세계가 떠들썩하게 결혼식을 올렸던 영국의 다이애나는, 평 민 출신으로 왕자와 결혼하면서 모든 여자의 부러움을 샀습니다.

모두들 신데렐라의 꿈을 이루었다고 생각했습니다만 현실은 비극으로 끝맺게 되었습니다. 그 이유는 여러 가지가 있지만 다이애나가 평민 출신이어서 받아야 했던 왕실의 냉대와 남편의 무관심이 가장 컸을 것입니다.

비슷한 등급의 조건을 갖추지 못했다면 시혜자의 기대 가치(Expectancy Value)가 채워지지 않을 것이고, 거기서 생기는 문제들은 모든 것을 꼬이게 만들었을 것입니다.

어떤 이는 춘향이나 심청이의 결혼생활도 과연 행복했을까 짓궂은 의문을 제기하는데 조금만 더 생각해 보면 충분히 일리있는 추측입니다.

중국 초나라 때 오자서라는 사람이 있었습니다.

오자서 이야기는 춘추전국시대의 크고 작은 여러 나라의 흥망과 어울려 길고 복잡하게 진행되지만 간단하게 정리하면 역적의 모함을 받아 아버지가 죽임을 당하고, 그마저 쫓기는 신세가 되었다가 마침내 복수한다는 내용입니다.

그는 복수할 대상이 이미 죽었다는 소식을 듣고 온종일 통곡했고, 나중에는 이미 죽어 묻힌 원수의 시신에 매질을 했습니다. 이 참혹한 앙갚음은 유명한 일화입니다.

그가 망명생활을 하던 어느 날 백비라는 사람이 찾아왔습니다. 백비 역시 간신의 모함으로 부친을 잃은 사람이었는데, 오자서는 그에 대해 자세히 알아보지도 않고 왕에게 추천해서 높은 벼슬을 얻게 했습니다.

오자서의 부인이 한번 본 사람을 어떻게 믿고 그렇게 추천할 수 있느냐고 물을 때 오자서가 대답했습니다.

同病相憐 <sup>동병상련</sup> 같은 병은 서로를 연민케 하고,
同憂相救 <sup>동우상구</sup> 같은 근심은 서로를 구원한다.
驚翔之鳥 <sup>경상지조</sup> 놀라서 날아오르는 새는,
相隨而飛 <sup>상수이비</sup> 서로 따라서 날아오르고.
瀨下之水 <sup>뇌하지수</sup> 여울 아래 물은,
因復俱流 <sup>인복구류</sup> 서로 다시 함께 흐른다.

반평생을 복수할 생각으로 살았으니 오자서의 정서가 얼마나 메마르고 냉혹했을 것인지 짐작할 수 있습니다. 그러나 그런 그도 같은 아픔을 가진 사람에게는 따뜻했다는 것입니다.

성경은 1만 달란트 탕감 받은 사람이 100데나리온의 빚을 받아내려 한 것을 악하다고 말합니다.

자기가 받은 은총에 비한다면 동무의 빚은 가련<sup>可憐</sup>할 일인데 그것을 용납하지 못하니 어리석은 일이지요.

비극은 나는 너와 다르다는 데서 오는 것이 아닐까요?

"내가 너를 불쌍히 여김과 같이 너도 네 동관을 불쌍히 여김이 마땅치 아니하냐…"(마태복음 18장 33절).

# 영재와 범재 사이

태어날 때부터 뛰어나게 총명한 아이를 보면서 장차 이 아이가 어른이 되면 어떻게 될까 생각해 보는 것은 흥미로운 일입니다. 남보다 높은 지능을 가졌으니 당연히 남보다 더 성공적인 삶을 살 것이라고 생각이 됩니다만 과연 그럴까요?

1985년, 문교부는 청와대로부터 "취학 전 영재 아동들을 찾아서 보고하라."는 지시를 받았습니다. 상부 명령 한 마디에 모든 것이 일사분란하게 움직이던 전두환 대통령 집권 시절이니 즉시 전국 방방곡곡을 뒤져 영재 아동들이 발굴되었습니다.

세 살부터 여섯 살까지의 아동 중에서 IQ(Intelligence Quotient, 지능지수) 검사와 영재 테스트를 통해 선발된 아동은 모두 144명이었는데 이들은 대부분 세 살 이전에 한글과 숫자를 깨우친 보통이 넘는 아이들이었습니다.

그들 중에는 돌 지난 아이가 한글을 줄줄이 읽고, 세 살도 안 된 아이가 한문과 영어를 능통하게 읽고 해석하는 특별한 재능을 보였습니다. 그들의 평균 지능지수는 142, 전국 평균으로 보면 상위 0.5%에 해당하는 수준이었습니다.

이 아이들의 미래가 어떠한지 궁금하지 않습니까? 그로부터 15년이 지난 2001년, 한 신문사에서 그들을 추적하여 조사했습니다. 144명 중 소재가 확인된 66명을 살펴보니 놀랍게도 그 중 상당수가 대학진학마저 힘든 범재凡才로 지내고 있었고, 학교에 적응하지 못하고 자퇴한 사람, 무직자, 고등학교만 겨우 졸업한 사람 등도 있었습니다.

이와 같은 결과는 우리나라에서만 볼 수 있는 것이 아닙니다.

미국 코넬 대학교 루이스 더스킨 펠드만 박사는 IQ 160 이상으로 "Quiz Kids"라는 텔레비전 프로그램에 출연했던 네 살에서 열여섯 살까지의 영재 수백 명을 조사해서 1982년, 『퀴즈의 아이들은 어떻게 되었을까?』(What happened to the Quiz Kids?)라는 책을 출간했습니다.

이들 중에는 IQ 200인 아동도 4명이나 있었는데 그들이 보여준 가능성은 대단했습니다. 예를 들어, 여섯 살이었던 조엘이라는 아이는 방송에 출연해서 아나운서가 "일 년은 몇 초죠?" 하고 물었을 때 불과 몇 초 후에 "31,536,000초."라고 대답했습니다. 아나운서가 감탄하며 "정말 대단하군요!" 라고 말하자 "잠깐! 윤년의 경우는 31,536,360초가 되죠."라고 묻지도 않는 말에 대답해 사람들을 놀라게 했습니다.

이들은 보통 사람들이 엄두도 못내는 수학 문제를 척척 푸는 영재들이었습니다만 30~40년 후에 그들 중 단 한명도 뛰어나게 성공한 사람은 없었고, 모두 보통사람으로 평범한 삶을 살고 있었습니다.

그래서 어떤 이는 IQ보다 EQ(Emotional Quotient, 감성 지수)가 더 중요하다고 말합니다. 정서적 안정과 인간미를 갖추는 것이 사회생활에 더 유용할 수 있다는 것이지요.

두 아이가 숲을 걷고 있는데 큰 곰이 나타났습니다.

똑똑한 아이는 17.5초 내에 곰에게 잡힐 것이라고 분석하고 공포에 빠졌습니다. 그러나 별로 똑똑하지 않은 또다른 아이는 침착하게 운동화 끈을 조여 맸습니다. 똑똑한 친구는 "너 돌았구나. 우리는 절대로 저 곰보다 더 빨리 달릴 수 없어!" 그 때 친구의 대답은 "그건 사실일지 몰라. 하지만 난 너보다만 빨리 달리면 돼!"

스텐버그라는 학자는 이것을 '분석적 지능' 이니 '실천적 지능' 이니 하는 말로 설명하려 합니다.

오병이어의 기적 때 빌립은 앉아서 분석했고, 안드레는 슬그머니 가더니 어린 아이의 도시락 하나를 구해 왔습니다. 안드레가 빌립보다 똑똑한 것은 아니지만 오병이어의 단초端礎를 제공했으니 분명 공은 있다고 할 수 있겠네요.

하나님은 우리의 IQ, EQ와 관계없이 우리를 들어 쓰시는 것만은 확실합니다.

# 올리브 나뭇잎 열세 장

미국에서 사용되는 지폐는 1달러, 5달러, 10달러, 20달러, 그리고 조금 큰돈으로는 50달러와 100달러짜리가 있습니다.

1만 달러짜리와 100만 달러짜리 지폐도 있지만 말로만 듣거나 사진으로나 보는 정도이니 없다고 생각해도 관계없을 겁니다. 보통 사람 가운데 1만 달러짜리 지폐를 지갑에 넣고 다닐 사람은 없을 테니까요.

미국 달러에 그려진 각 그림에는 모두 상징하는 것이 있습니다. 먼저 1달러짜리 지폐입니다. 이것은 가장 작은 액수이지만 가장 중요한 인물과 여러 가지 상징이 숨겨져 있는 가장 복잡한 지폐입니다.

앞면에 그려진 인물은 초대 대통령이었던 조지 워싱턴으로 그에 대하여는 달리 설명이 필요할 것 같지 않습니다. 다만 뒷면의 그림은 흔히 수비학(數秘學, numerology)이라고 하는 힌트가 숨겨져 있습니다.

왼쪽에는 열세 단계로 된 피라미드가 있고 맨 밑단에는 미국이 독립한 해인 1776년을 라틴어로 쓴 숫자 'MDCCLXXVI'가 새겨져 있고, 피라미드 정상에는 눈동자(all-seeing eye)가 보입니다.

피라미드 그림 위 아래로 둘러싼 라틴어 문장 두 개는 각각 13개의 알파벳으로 조립된 말인데 'ANNUIT COEPTIS'는 '그(하나님)가 우리들의 경영을 지지한다'는 뜻이고, 'NOVUS ORDO

SECLORUM'은 '새시대의 질서'라는 말로 영국으로부터의 독립을 선언하는 뜻입니다.

오른쪽에 그려진 독수리 그림에도 자세히 보면 숨겨진 상징이 여럿 있습니다. 한발에 쥔 올리브 나뭇잎 열세 장, 다른 발에 쥔 화살 열세 개, 그리고 국기 모양의 열세 개 줄무늬(stripes), 그리고 독수리 머리 위에 있는 열세 개의 별 등, 13이란 숫자는 최초로 독립 선언에 참여한 13개 주를 상징합니다.

물론 독수리 부리에 문 리본의 라틴어 문장도 13개의 알파벳으로 되었는데 'E PLURIBUS UNUM'는 '다수에서 하나로'(from many, one)라는 뜻으로 열세 개 주가 하나가 된 것을 선포하는 의미가 있습니다.

5달러부터는 그렇게 난해하지는 않습니다.

5달러 짜리 지폐에 새겨진 링컨 대통령은 노예제도를 없앤 위인으로 뒷면에는 링컨 기념관(Lincoln Memorial)의 웅장한 모습이 그려져 있습니다.

10달러짜리 지폐에는 미국 초대 재무 장관인 알렉산더 해밀턴의 초상이 그려져 있고, 뒷면에는 미국 재무부(U. S. Treasury) 건물이 그려져 있습니다.

그는 미국 최고의 재무장관으로 꼽히는데 미국이 처음 독립할 당시 연방 정부의 재정은 5천만 달러를 빚진 상태에서 시작했다고 합니다. 독립전쟁을 할 때 군인들에게 줄 월급이 밀려서 그랬다는데 나라의 기틀이 없었던 그때의 궁핍한 사정을 쉽게 짐작할 수 있습니다. 그러나 해밀턴은 강력하고도 지혜로운 정책으로 연방정부

살림의 기초를 다졌습니다.

20달러짜리에는 7대 대통령을 지낸 앤드루 잭슨이 그려져 있습니다. 그는 대통령이 되기 전 군인으로서의 활약 때문에 기념되는 듯 합니다.

그는 가난한 아일랜드계 개척민의 아들로 태어나 학교도 제대로 다녀보지 못한 사람입니다. 군인이 되기 위하여 민병대의 졸병으로 들어가 정규군 장군이 되었는데, 그가 지휘한 뉴올리언즈 전투는 전사戰史에 남을 전설입니다.

뉴올리언즈 전투에서 영국이 정예군 4,000명 중 2,037명을 잃은 반면에 아군은 고작 21명만이 전사했습니다. 이 놀라운 승리로 미국은 이미 독립한 자국에 영향력을 행사하려던 영국으로부터 명실상부한 독립을 이루었고, 그의 탁월한 전공은 대통령직으로 이어졌습니다.

지폐뿐 아니라 주화의 출연자도 링컨, 제퍼슨, 해밀턴, 워싱턴 등 거의 같은 인물들입니다.

각 화폐의 인물과 문양은 다르지만 한 가지 공통점이 있습니다. 그것은 'In God We Trust' 라는 문구입니다.

이 때문에 달러가 세계적으로 힘 있는 것은 아닐까요?

제 2부 감동을 주는 이야기

"마음으로 보는 풍경"

# 탕자의 자화상

헨리 뉴웬(Henri J. M. Nouwen, 1932-1996년)은 개신교에서도 유명한 네덜란드 출신의 가톨릭 사제입니다.

그는 예일 대학과 하버드 대학의 신학부 교수를 역임했는데 그의 강의는 언제나 발 디딜 틈 없이 만원이었다고 합니다. 그의 저서 40여 권은 세계적으로 알려져 있습니다. 사람들은 그가 탁월한 통찰력으로 어려운 글과 강의 내용을 쉽게 전달했다고 말합니다.

또한 그는 말년 10여 년을 정신지체장애인을 수용하는 라쉐 공동체(L' Arche Daybreak Community)에서 사목으로, 또한 봉사자로 일함으로 삶 속에서 학자로서의 명성과 탁월한 지성을 유감없이 실천했습니다.

그가 쓴 책 중에 『탕자의 귀향』(The Return of Prodigal Son)은 바로크 시대의 거장으로 불리는 네덜란드의 화가 렘브란트(Rembrandt, 1606-1669년)의 동명의 그림을 보고 감동받아 쓴 것입니다.

보통 네임 밸류가 높은 작가의 글은 비록 가벼운 수필이나 개인적인 일기라도 주목받게 됩니다만 고작 그림 한 점을 보고 쓴 글이 베스트셀러가 되고, 292페이지나 되는 두툼한 책으로 나와 베스트셀러가 되는 것은 그의 필력筆力이 남다르기 때문입니다.

그 책은 그림을 회화적繪畵的 관점에서 설명하기보다는 그림의 내용, 즉 집 나갔다 돌아온 탕자 이야기를 풀어서 적고 있습니다.

시중에서 파는 그 책 표지에는 렘브란트의 그림(실제 사이즈는 6' × 8'의 대형)을 인쇄해 놓았는데 그림을 글로 설명하는 것이 그에게도 여간 답답한 일이 아니었나 봅니다.

우선 그림을 설명하자면 이렇습니다.

집 나간 둘째 아들은 허름한 차림으로 아버지 앞에 무릎을 꿇고 있고, 아버지는 허리를 구부려 그를 껴안으며 다시 받아줍니다.

품위 있게 차려입은 아버지의 의복과 장식이 걸인을 연상케 하는 아들의 모습과 대조되는 것이 인상 깊습니다. 무엇보다도 아들의 등을 감싸 안은 아버지의 두 손과 내려다보는 인자한 얼굴 표정이 한없이 따스합니다.

남루한 탕자는 한쪽 신발이 벗겨져 발바닥이 드러난 채 아버지의 품에 얼굴을 묻고 있습니다. 그 모습이 어찌나 궁상맞고 불쌍해 보이는지요.

그 옆에 이 감동적인 만남을 지켜보는 사람들이 있습니다. 꼿꼿이 서서 냉정한 표정으로 노려보듯 내려다보는 화려한 옷차림의 사람은 그의 형, 첫째 아들입니다. 한심하다는 탄식이 공간을 가르는 것 같습니다.

그 외에 세 사람이 더 그 장면을 지켜보고 있는데 한명은 자세히 보지 않으면 거의 보이지 않습니다.

헨리 뉴엔은 러시아 생 뻬째스부르그(Saint Pertersburg)의 에르미타즈 궁(미술관)에 소장된 그 그림을 하루 종일, 그것도 이틀에 걸쳐서 넋을 놓고 본 뒤, 그 감동을 신기한 체험처럼 썼습니다.

그림을 보다보면 자연 채광의 양에 따라 시시각각 그림이 달라진다고 합니다. 이러한 특징을 꽤나 실감나게 표현해 놓았기에 글을 읽는 사람들에게 그 그림을 보고 싶다는 생각이 들게 합니다. 렘브란트를 왜 '빛과 혼의 예술가'라고 부르는지 확인하고 싶기도 하지요.

화가 렘브란트는 천재적인 재능을 가졌고, 돈과 명성도 얻었지만 남다른 불행을 겪었습니다.

아내와 사별한 데다가, 5남매를 두었지만 딸 하나 말고는 모두 먼저 죽었습니다. 재혼한 아내와는 재산 문제로 다툼이 잦았고, 이어 파산한 후 명성마저도 모두 잃어버렸습니다.

화려한 차림을 하고 오만한 표정을 지은 자화상을 즐겨 그리던 렘브란트. 그가 탕자처럼 방황하던 젊은 시절을 후회하며 그린 작품은 아닐까요?

굴곡이 없이 고상한 인생을 산 헨리 뉴엔이 렘브란트처럼 어지럽게 산 사람의 그림에 감동을 받았다는 것은 의외입니다만 사람은 누구나 인자하게 받아주시는 아버지의 품이 고향처럼 그리운가 봅니다.

# 거장의 손이 닿을 때

그것은 낡고 긁힌 자국이 있는 바이올린이었습니다.

경매인은 그 가치 없는 바이올린이 팔리기까지 얼마나 시간을 낭비해야 할까를 생각했습니다. 그러나 그는 웃으며 그것을 집어 들고 말했습니다.

"이번 경매 물품은 악기입니다! 시작해 볼까요?"

"1달러, 1 달러…" "네, 저기 1달러 있군요."

"2달러 없습니까? 2달러?" "네, 저기 2달러 있군요. 그럼, 3달러 없습니까?"

"아, 네, 3달러! 저기 한 분, 또 한 분, 두 분이네요."

"더 쓸 분 없습니까?" "없군요……."

그 때 경매장 뒤에서부터 흰머리의 신사 한 명이 다가왔습니다. 그는 바이올린 활을 집어 들었습니다. 그리고는 바이올린에 쌓인 먼지를 쓸어내고 풀어진 줄들을 조였습니다. 그는 천천히 음악을 연주하기 시작했습니다.

그것은 천사들의 캐럴처럼 맑고 감미로운 선율이었습니다.

연주가 끝나자 경매인은 그 바이올린과 활을 치켜들고 조용하고 낮은 음성으로 말했습니다.

"1,000달러부터 시작합니다. 1,000달러 없습니까?" "네, 저기 1,000달러 있군요. 2,000달러 없습니까?"

"네, 저기 2,000달러 있군요, 그럼 3,000달러 없습니까?" "더 내

아스피린
한 병의 사랑

실 분? 저기 있군요, 더 내실 분? 아! 네……."

"……."

경매장의 사람들은 환호했고, 더러는 아우성을 쳤습니다.

우리는 이해할 수 없습니다.

무엇이 그 바이올린의 가치를 높인 것일까요?

해답은 이것입니다. 거장巨匠(Master)의 손이 닿았기 때문에.


많은 사람들이 인생의 아름다운 선율을 잃어버리고, 죄로 인하여 찌그러지고 망가지고, 그 낡은 바이올린처럼 지각없는 군중들에게 싸구려로 팔리고 있지는 않습니까?

한 그릇의 스프를 먹고, 한 잔의 와인을 마시고, 한 판의 게임을 하기를 한 번 두 번 반복하다가 인생은 영영 가버리고 맙니다. 어리석은 군중은 결코 이해할 수 없지만, 거장이 손을 대면 그 영혼의 가치는 고귀하게 변합니다.

거장의 손이 닿을 때.

이상은 미라 브룩스 웰치(Myra Brooks Welch)의 「The Touch of the Master's Hand」라는 유명한 시의 번역입니다.


이스라엘 백성이 이집트에서 해방되어 가나안 땅으로 갈 때 열두 명의 정탐꾼을 보내서 그 땅을 염탐했습니다. 몇 사람은 충분히 이길 수 있다고 했으나 다수는 못한다고 했습니다. 자기들은 그들과 비교하면 메뚜기와 같다고 하면서 말입니다.

실제 전력戰力면에서는 일리가 있습니다. 그러나 그들은 두려움 속에서 상대의 전력을 부풀리면서 자신들을 비하하는 어리석음을 범했고, 더 나아가 하나님이 자기들을 미워한다고까지 생각했습니다.

인간은 자기가 중요한 존재임(sense of importance)을 느낄 때 안정감을 갖는다고 합니다. 그들이 1년여를 시내 산에 머물 때 받은 모든 언약의 핵심은 그들이 하나님의 존귀한 자녀라는 사실인데 그것을 통째로 불신하고 고작 메뚜기라니요?

메뚜기?

그 말도 맞습니다!

그러나 거장의 손길이 닿은 메뚜기 떼는 그 위력이 가공可恐할 만하다는 것을 모르고 하는 얘깁니다.

# 건드릴 수 없는 존재

5억 인도 사람의 절대적인 존경과 지지를 받았던 마하트마 간디(Mohandas Karamchand Gandhi, 1869-1948년)는 위대한 시인 타고르로부터 '마하트마'(Mahatma, 위대한 영혼)라는 극존칭을 받았습니다.

철저하게 비폭력으로 저항해 거대한 폭력적 압박을 무력화시킨 일화들은 도저히 설명이 불가능한 사건입니다. 어떻게 곤봉과 실탄으로, 무장한 군대와 경찰을 대항하여 이길 수 있겠습니까?

그가 5피트(150cm)의 키에 132파운드(50kg)의 체중이라면 완력에 맞서기는커녕 겨우 영양실조를 면한 정도인데 말입니다.

간디의 비폭력 운동은 40여년 후에 미국에서 마틴 루터 킹 목사가 비폭력 시민불복종 운동을 주도함으로, 차별대우를 받는 흑인들의 지위를 향상시키는 데 결정적으로 기여했습니다.

간디는 힌두교 가정에서 태어나서 18세에 영국으로 가서 공부를 했습니다. 영국 4대 로-스쿨의 하나인 이너 템플(Inner Temple) 대학을 졸업한 후 변호사가 되었습니다.

22세 때 인도로 돌아와 변호사로 일하던 간디는 의뢰인의 소송 사건 때문에 남아프리카 공화국으로 건너가게 되었습니다.

원래는 계약에 따라 1년 정도 머물 계획이었으나 차별받는 인도인들을 보고 그들을 위하여 투쟁하느라 변호사로서의 평탄한 길을 뒤로 한 채 22년 동안 고난의 길을 걸었습니다.

당시 남아프리카 공화국에는 7만여 명의 인도인들이 살고 있었는데 그들은 그 땅을 지배하는 백인 정권으로부터 악랄한 인종차별과 박해를 당했습니다.

이드를 구하기 위해 시위하되, 간디를 따르는 시위대는 철저하게 폭력을 거부했습니다. 때리면 맞고, 가두면 갇혔습니다. 경찰이 곤봉을 휘두르면 한 줄로 늘어서서 얻어맞을 차례를 기다렸습니다. 아무리 때려도 저항하지 않고 얻어맞기만 하니 때리는 사람이 힘 빠질 노릇이지요.

이 비폭력 저항 운동은 인도로 돌아와 영국식민정부로부터 독립운동을 할 때도 계속되었습니다.

간디의 위대한 업적 중 하나는 힌두교 교리에 의해 5,000년간 이어져 온 천민제도를 없애려 한 것입니다.

카스트 제도에 따르면 인도인은 혈통에 따라 네 계급으로 나뉘는데 가장 천한 계급 '수드라'(Sudra)는 노예계층입니다.

놀랍게도 이 수드라에도 속하지 못하는 천민이 있습니다. 이들은 공중 화장실과 하수도를 청소하는 등의 부정한 일을 하므로 만나서도 안 되고, 만져서도 안 되는 '접촉할 수 없는 사람들'(Untouchable)이었습니다.

이들은 밤에만 다닐 수 있었는데 신체적 접촉뿐만 아니라 눈에 띄는 것만으로도 상류층을 부정하게 한다는 것이 이유였습니다. 그래서 이들을 '보이지 않는 사람들'(Invisibles)이라고도 합니다.

그러나 간디는 이들을 '하리잔'(Harijan, 신의 아들)이라고 부르며 그들과 함께 지냈고, 그들의 지위를 향상시키려고 부단히 노력했습니다. 심지어는 그들의 화장실까지 청소했습니다.

간디의 위대함은 민권운동을 한다며 천하고 무지한 계급 사람들을 목민관牧民官의 위치에서 돌보아 준 차원이 아니라는 데 있습니다.

같은 이름의 영화 "언터쳐블, 1986년"은 유명한 마피아 두목 알 카포네와 대결하는 경찰이야기입니다.

연방경찰(FBI)에 내통자가 있어서 매번 작전이 실패하자 그들은 뇌물이나 협박이 통하지 않는 정직한 수사관들을 착출해서 알 카포네를 잡으려 합니다. 이 수사팀의 이름이 바로 '언터쳐블'(Untouchable)입니다. 막강한 마피아 세력이 미치지 않는, 그래서 아무도 건드릴 수 없는 존재라는 뜻입니다.

천하다는 이유로 아무도 'touch' 하지 않는 사람들을 형제로 대하며 안아줌으로 간디는 오히려 아무도 범접할 수 없는 위대한 존재가 되었습니다.

유대인 정결법 상 만져서는 안되는 수많은 병자와 나환자들, 심지어 혈루증을 앓는 여인까지 만져주시며 온전케 하신 예수님이 생각납니다. 그분 또한 더 말할 나위없는 'Untouchable' 입니다.

# 위대한 스승

헬렌 켈러(Helen Adams Keller, 1880~1968년)는 태어난지 19개월 만에 뇌막염(Meningitis)으로 인하여 앞을 보지도 못하고, 듣지도, 말하지도 못하는 장애를 얻었습니다.

정상인으로 살다가 성인이 되어서 장애인이 된 것이 아니라 처음부터 그렇게 태어났으니 인간으로 살기 위한 최소한의 조건을 갖추지 못한 상태였습니다.

앞을 보지 못하는 것은 보통 일이 아닙니다. "몸이 천 냥이면 눈이 구백 냥"이라는 말도 있듯이 어떤 장애보다도 불편한 것이 시각 장애입니다.

장애인의 날에 장애체험을 한다고 안대로 눈을 가린 채 걸어가는 이벤트를 보면서 이들이 과연 몇 분 동안 걸었을까? 길 몇 개, 블록 몇 개를 지났으며, 과연 지하도를 하나라도 통과해 봤을까 하는 생각이 들어 씁쓸합니다.

평생을 이렇게 암흑 속에서 산다는 것은 얼마나 가혹한 일입니까! 헬렌 켈러는 시각 장애뿐만 아니라 듣지도 못해서 말도 배우지 못했습니다.

들을 수 있다면 말할 수 있습니다. 그러나 그녀는 온전한 성대를 가지고 있었음에도 불구하고 어떻게 발성해야 하는지 알 수 없었습니다. 어떤 소리도 들어본 적이 없었기 때문입니다. 그녀가 낼 수 있었던 소리는 짐승의 으르렁거리는 소리와 다를 바가 없었습니다.

그녀가 외부와 교통할 수 있는 유일한 수단은 촉각뿐이었습니다. 손바닥에 글자를 써주면 그것이 무슨 뜻인지 알아내는 것인데 어떻게 단어와 뜻을 전달할 수 있으며, 얼마나 힘들었을지를 생각해 보면 막막하기만 합니다.

'인형'을 가르치기 위하여 인형을 만지게 하고 'doll'이라고 쓰기를 몇 번, '물'을 가르치기 위하여 손에 물을 닿게 하고 'water'라고 쓰기를 몇 차례… 그리고 마침내 그것을 이해했다고 해도 어떻게 발음하도록 했는지 상상이 되지 않습니다.

수천 수만 가지 소리 중에 하나를 찾아낼 때까지 가르쳐 주는 사람은 시범은커녕 오직 "맞다!" "아니다!"만 할 수밖에 없으니 얼마나 힘들었을까요?

위대한 인간 승리 헬렌 켈러가 그 모든 장애를 극복한 것은 설리번(Anne Sullivan Macy, 1866-1936년) 선생 때문입니다.

불행을 극복한 것으로 말하자면 설리번 자신도 만만치 않습니다. 그녀는 다섯 살 때 시력을 거의 잃었고, 열 살 때 어머니가 죽었습니다. 이 때 무정한 아버지는 설리번과 남동생을 고아원에 버렸고, 남동생은 4년 만에 거기서 죽었습니다.

홀로 남은 설리번은 맹인학교(Perkins Institution)에 보내져서 공부를 했고, 거기서 두 차례에 걸친 수술로 온전치는 않지만 다시 시력을 되찾게 되었습니다.

기적적으로 시력을 되찾고, 학교를 졸업한 그녀가 어떻게 헬렌 켈러를 만날 수 있었는지 참으로 감동입니다.

딸의 장애를 고치기 위하여 가리지 않고 동분서주하던 헬렌 켈러의 어머니는 동부 볼티모어에 유명한 의사가 있다는 소문을 듣고 그를 찾아갔습니다.

의사는 진찰을 마친 후 시력을 되찾는 것은 불가능하다고 했습니다. 그러나 배울 수는 있을 것 같다면서 청각장애자 교육 전문가를 소개해 주었습니다. 그리고 그 사람은 다시 설리번이 졸업한 매사추세츠의 맹인학교를 소개해 주었습니다. 그 학교 교장은 지체하지 않고 헬렌 켈러를 가르칠 적임자로 설리번을 추천했습니다.

설리번은 학교도 졸업했고 나이도 들었으니 직업(Job)을 찾아야 할 입장이었지만 그 때문에 헬렌 켈러 같은 중증 장애인을 50년 동안 지성으로 가르친 것은 아닐 겁니다.

엄마가 죽은 뒤 아버지에게마저 버림받고, 그나마 위안이 되던 남동생마저 잃은 설리번의 마음에는 얼마나 큰 상처와 쓴뿌리가 있었겠습니까?

자신이 불행한 현실을 극복하기까지 돌보아 준 수많은 사랑의 손길을 알기에 섬길 수 있었던 것이 아닐까요?

사랑 받은 사람이 사랑할 수 있습니다!

# 미국 최초의 백화점

서울 종로 2가에 있는 YMCA 건물은 1908년 처음 세워질 당시에는 볼만한 건물이었습니다. 유럽이나 미국 동부에서 볼 수 있는 붉은 벽돌과 화강암으로 장식된 3층 건물은 웅장한 크기와 아름다운 외형 때문에 서울 장안의 구경거리가 되었습니다.

게다가 개화기의 지도자 이상재, 이승만, 조만식, 윤치호 등과 같은 인물들이 드나들며 사회 계몽운동과 독립운동을 했던 역사적인 현장이기도 합니다. 그러나 이 건물은 6·25 때 완전히 파괴되어 다시 세워졌으나 그 자태와 의미는 예전만 못해 아쉽습니다.

언더우드와 아펜젤러 선교사가 활약하던 조선 말기 1903년, '황성 기독교 청년회' 라는 이름으로 세워졌습니다. 그러나 5년이 지나도록 회관은커녕 운영자금도 없어서 문을 닫아야 할 형편이 되었습니다.그런데 이 사정을 들은 미국의 어느 부자가 선뜻 거금을 쾌척하여 회관을 짓게 되었습니다.

이 사람이 바로 신앙의 기업인 워너메이커입니다.

워너메이커(John Wanamaker, 1838~1922년)는 미국 필라델피아에서 가난한 벽돌공의 아들로 태어났습니다. 형편이 어려워 변변한 공부도 하지 못했지만 그는 대기업을 일구었고, 23대 대통령 벤자민 해리슨에 의해 미국 연방정부의 체신부 장관(United State Postmaster General)까지 지낸 입지전적인 인물입니다.

그는 14세 때 아버지를 잃고, 19세 때부터는 옷가게 점원을 시작으로 생활전선에 뛰어들어야 했습니다. 다행히 그는 타고난 사업수완과 의지로 사업에서 크게 성공했을 뿐만 아니라 앞서 말한 것처럼 나눔과 섬김으로 많은 사람들의 존경을 받았습니다.

남자 의류 소매상 사업을 시작한 그는 미국 최초로 백화점(Father of Department)을 만들었습니다. 단일 업종의 구멍가게만 있었던 1880년대에 직원이 4,000여 명이나 일하는 16층짜리 초대형 쇼핑몰을 세웠으니 그것이 얼마나 놀라운 사건이었겠습니까? 게다가 그 쇼핑몰 안에 1,500명이 앉을 수 있는 강당과 세계 최대의 파이프 오르간을 설치했다니, 당시로서는 상상을 초월한 파격이요, 놀라움 그 자체였습니다.

그에게는 '최초'라는 수식어가 수도 없이 따라붙습니다.

그는 최초로 정찰제, 품질표시제, 교환과 환불보장제 등 그야말로 혁신적인 마케팅을 했고, 오늘날에도 기발하다 할 수 있는 광고 기법들을 창안했습니다.

최근에 유행하는 티저(teaser) 광고나, 옥상에서 대형 풍선을 날려 보내면서 '이 풍선을 가져 오면 양복 한 벌 공짜'라고 손님을 끄는 쿠폰(coupon) 광고, 기차역과 도시 중요한 장소마다 대형 간판을 설치하는 것 등은 모두 그가 최초로 시도한 것들입니다.

뿐만 아닙니다. 돈을 많이 번만큼 직원들의 복지를 위해서도 애썼습니다. 직원숙소 마련, 유급휴가, 의료보험, 자녀교육비 보조, 은퇴연금 적립 등 아무도 신경 쓰지 않은 것들을 최초로 시도했습니다.

그가 84세로 죽었을 때 필라델피아 시에서는 조기弔旗를 게양했고, 공립학교는 휴교를 했으며, 펜실베니아 주지사, 필라델피아 시장, 뉴욕 시장, 대법원장 같은 이들이 운구위원이 되었다고 합니다. 우리는 그의 성공이 재력 이상의 존귀한 명성이었음을 짐작할 수 있습니다.

우리가 더욱 그를 주목하는 것은 그의 신앙 때문입니다.

그의 리더십과 물질을 통해 YMCA는 65년 이상 활동을 지속하였고, 오늘날 세계적인 명성을 갖는 단체가 되었습니다.

또한 장관직을 제의받았을 때도 주일학교 교사를 계속하겠다는 조건으로 수락하는 등 67년 동안을 주일학교 교사로 섬겼습니다. 실제로 장관 재직 4년 동안 그는 워싱턴DC와 필라델피아 140여 마일(225km)을 매주 오가며 교사직을 수행했다고 합니다.

어린이 주일학교 시절, 비만 오면 교회 마당이 질퍽거리는 것을 보고 그는 아르바이트 해서 모은 돈으로 매주 벽돌 몇 장씩 깔았습니다. 이것이 교회에 알려졌고, 마음에 찔린 어른들이 나머지 벽돌을 깔고 비 새는 건물까지 건축하게끔 만들었습니다. 이미 어린 시절부터 믿음이 남달랐던 것입니다.

# 인간의 굴레

서머셋 모옴(Somerset Maughm, 1874~1965년)은 셰익스피어만큼 존경받는 영국의 작가입니다.

그의 작품 『인간의 굴레』(Of Human Bondage)는 인생이 무엇이고 행복이 무엇인가 하는 다소 무거운 주제를 다루고 있습니다. 위대한 영웅의 이야기도 아니고, 기묘한 플롯을 가진 드라마도 아닙니다. 조금만 주의 깊게 보면 주변에서 얼마든지 발견할 수 있는 어느 소시민의 이야기입니다.

그는 보통 사람의 내면세계를 탁월한 통찰력으로 분석하며, 현실에 갇혀 특별한 의지 없이 떠밀려가는 삶에 대하여 다시금 생각해 보는 시간을 가지라고 권유합니다.

소설의 주인공 필립은 일찍이 부모를 잃고 큰아버지 댁에서 자랍니다. 날 때부터 소아마비인 그는 친구들에게 놀림을 받으며 어둡고 고독한 소년시절을 보냅니다. 그리고 자라서는 여러 가지 직업을 전전하며 한때는 예술(그림)에 대한 열정도 가져 봅니다.

인생을 값지게 살고 싶어서 부단히 노력했지만 추구하는 이상은 현실의 벽에 부딪혀서 번번이 좌절해야 했습니다.

어른이 되어 만난 몇 여자를 통해서도 아픔을 경험합니다. 첫 번째 여자에게 배신을, 두 번째 여자에게서는 실연을 당한 것입니다. 이어지는 궁핍함 속에 노숙자가 되기도 합니다.

추위와 굶주림으로 절박해진 상황 때문에 그는 다만 몇 푼의 유산이라도 받겠다고 빨리 백부가 죽기를 바라는 마음을 갖기도 합니다. 사람에게 극단적인 선과 악이 공존한다는 것을 우리는 피상적으로 다 알고 있지만 작가는 그것을 전율할 만큼 예리하게 그려냅니다.

이 이야기는 서머셋 모옴의 자전적인 이야기입니다. 그는 8세에 모친을 잃었고, 10세에 부친을 잃었으며 숙부 댁에서 자라야 했습니다. 그의 좌절과 방황을 담아낸 작품이기에 더욱 감동적으로 다가오나 봅니다.


『인간의 굴레』 때문에 맺어진 아름다운 커플 이야기가 있습니다.

공군 소위 존 블렌포드는 도서관에서 이 책을 읽다가 그 책을 먼저 빌려 본 사람의 메모를 발견합니다.

작가의 말에 공감되는 곳마다 메모를 남겼는데 정성껏 쓴 그 메모들에 감동되어 찾아보니 홀리스 메이넬이라는 여자였습니다.

존은 주소를 수소문해서 편지를 보냈고, 홀리스는 답장을 보냈습니다. 이때부터 두 사람의 편지 왕래가 시작되었습니다.

존은 전투기 조종사로 일하며 적군과 싸울 때 느꼈던 두려움을 고백했고, 홀리스는 시편 23편을 적어 주며 위로했습니다. 사망의 음침한 골짜기를 다닐지라도 주께서 지켜주실 것이라면서…….

그들은 마침내 사랑하는 사이가 되었습니다.

편지를 주고받기 시작한 지 13개월 만에 존은 전장戰場에서 돌아올 수 있었고, 홀리스와 뉴욕그랜드 센트럴 역에서 만나기로 했습니다. 서로 얼굴을 모르니 홀리스가 장미꽃 한 송이를 가슴에 달고 나오기로 했습니다. 존이 기다리고 있는데 이윽고 금발의 미인이 나타나 존을 유혹합니다. "절 따라오시겠어요, 소위님!"

그러나 너무도 예쁜 그녀는 장미꽃을 달고 있지 않았습니다. 정작 장미꽃을 단 홀리스 양은 바로 그 뒤에 있었고 그녀의 모습은 아가씨가 아니라 하얗게 쉰 머리를 모자로 감춘 중년 여인이었습니다. 존은 순간적으로 당황했지만 그래도 마음을 나누며 격려해 주었던 그 홀리스 양(?)에게로 다가가 인사를 했습니다.

그러나 그녀는 희한한 소리를 합니다.

방금 앞에 지나간 젊은 여자가 이 꽃을 달고 있다가 약속한 군인이 나타나거든 길 건너 레스토랑에서 기다리겠다고 말해 달라 했다는 것입니다. 자기 아들 두 명도 입대를 했기 때문에 이런 심부름을 하면서 말입니다.

그들은 『인간의 굴레』라는 책을 읽고 진정으로 욕심의 굴레를 벗어버린 아름다운 사람들이 분명합니다.

# "우리 형에겐 자폐증이 있어요"

'자폐증'(Autism)은 대인관계와 언어 소통에 심각한 문제가 발생하는 발달장애(developmental disorder)입니다.

주로 어린아이들에게 나타나는 이 증상의 원인은 아직까지 아무도 밝혀내지 못했지만 선천적이라는 것은 확실합니다. 자폐증 환자는 '자폐'自閉라는 말과 같이 '스스로 바깥세상과 단절' 하기 때문에 다른 사람들과 관계를 맺고 더불어 살기보다는 혼자 행동하고 혼자 만족해합니다.

좀 더 학술적으로 설명하자면 자폐증은 다른 사람과의 관계 형성과 언어 습득에 장애가 있고, 강박적 행동이나 반복적인 놀이에 만족합니다. 그래서 변화를 두려워하고, 상상력도 없고, 단순한 행동을 되풀이하며, 언어에 장애가 있습니다. 대부분은 지능이 낮아 85%정도는 병원이나 시설에서 평생 보호를 받아야 한다니 심각한 병입니다.

인구 1만 명 당 3~4명 꼴로 발생하는 이 병으로 적지 않은 사람들이 고통을 당하고 있습니다. 자기 아이가 아무런 연유도 없이 자폐 증세를 보인다면 가족들은 얼마나 마음이 아프겠습니까? 남의 일이니 대수롭지 않게 '바보' 라고 했다가는 큰일날 일입니다.

"Rain Man"(1988년)은 자폐증을 다룬 이야기로 유명한 영화입니다. 성격파 배우 더스틴 호프만과 톰 크루즈가 연기했고, 아카데미 감독상, 작품상, 각본상, 남자 주연상까지 받았습니다. 과연 아카데미 주연배우답게 더스틴 호프만의 자폐환자 연기는 훌륭했습니다. 스토리는 다음과 같습니다.

고급 자동차 수입업을 하는 찰리(톰 크루즈 分)는 이기적인 성격의 여피족(Yuppie, 도시의 전문직 젊은 엘리트)입니다.

이기적이라고 하는 것은 인생의 목적이 돈이고, 돈 되는 일에 방법을 별로 가리지 않는 그의 삶의 자세 때문입니다. 그는 모습이 정직하지도 않으면서 유난히 약삭빠르고 뺀질거리는 모습을 보여줍니다.

어느 날 여자 친구와 휴가를 떠나는 중에 아버지가 돌아가셨다는 연락을 받습니다. 차를 돌리며 하는 말이 "젠장, 휴가 망쳤군!" 하는 정도니 알만한 친구입니다.

아버지는 돌아가시면서 자기에게 1949년형 뷰익 컨버터블을 남겨 주셨는데 그 차에는 사연이 있습니다.

그가 열여섯 살 때 아버지 몰래 그 차를 몰고 나갔다가 아버지가 도난 신고를 하는 바람에 경찰에 체포되었던 것입니다. 당시 아버지가 보석금을 내주지 않아 이틀간이나 감옥살이를 하게 만든 차였습니다. 그는 그 사건 이후 집을 나갔고, 한 번도 아버지를 찾지 않는 터였습니다.

감개무량한 일이지만 찰리는 차 이외의 아버지 전 재산 300만 달러가 자기도 모르는 사람에게 상속되었다는 담당 변호사의 통보 때문에 허탈해집니다. 이럴 수가 있는가 하고 그 사람을 찾아보니 놀랍게도 그는 자기가 기억 못하는 친형 레이먼드(더스틴 호프만 分)였습니다. 자폐증 환자인 그는 어려서부터 수용시설에서 지내왔던 것입니다. 찰리의 성격상 '바보 형'에게 상속된 300만 달러가 여간 배가 아픈 것이 아닙니다.

그는 캘리포니아에 야구를 보러 가자고 꾀어서 일단 요양원에서 형을 데리고 나왔습니다. 두 사람은 캘리포니아를 향해 여행하면서 여러 가지 사건을 겪습니다. 유난히 영악한 동생과 돈도 세상 물정도 모르는 자폐증 환자인 형이 같이 지내자니 얼마나 답답했겠습니까?

그런데 바보인 줄만 알았던 형이 비상한 기억력을 가진 것을 발견합니다. 자폐증 환자 가운데 소수는 이런 특수한 능력이 있다고 합니다. 그는 지나는 길에 라스베가스 카지노에 들렀다가 블랙잭으로 많은 돈을 땁니다. 형을 이용해서 돈을 번 것이지만 동생은 딴 돈은 모두 자기가 갖고 형에게는 물려받은 그 차를 한번 운전하도록 인심 쓰는 것이 전부입니다.

어떻게든 형의 유산을 차지하려던 주인공은 며칠 동안 함께 지내면서 형의 장애를 이해하고 동정하게 됩니다. 양심 때문인가요? 결국 형의 돈을 가로채려는 욕심 대신 형과 함께 살고 싶어하는 착한 마음을 갖게 된다는 이야기입니다.

아버지 유산을 받는 것이 삶의 목적이었던 두 형제, 탕자와 그의 형 이야기가 생각납니다.

# 순수한 나치 장교

영화 "쉰들러 리스트"를 통해서 유명한 오스카 쉰들러는 2차 대전 중에 죽음의 수용소 아우슈비츠에서 1,100여 명의 유대인을 구한 독일인 사업가입니다.

그는 유태인 포로들의 값싼 노동력을 이용해서 재산을 축적하는 부도덕하고 야비한 사업가였습니다. 그러나 독일군의 무자비한 학살 만행을 보고난 뒤 전 재산을 털어서 그 포로들을 살려냅니다. 영화는 그 삶의 극적인 반전을 감동있게 그려냈습니다.

최근에 오스카 쉰들러처럼 유대인을 구한 또 한 사람의 영웅이 밝혀졌습니다. 그의 이름은 칼 플라게(Karl Plagge, 1897~1957년), 2차 대전 당시 독일군 소령으로 리투아니아에 있는 유대인 포로수용소(HKP562) 책임자였습니다. 그 역시 광기의 역사 속에 희생된 대표적인 사람입니다.

나라를 사랑하는 독일 청년으로 나치당에 가입했고, 참전을 피할 길이 없으니 종군할 수밖에 없었을 것입니다. 참담한 전쟁의 가해자가 되면서 독일인으로서의 자부심은 무너졌고, 그렇다고 나라를 버릴 수도 없었습니다. 그저 매일매일 주어진 임무를 다하면서 이 불행한 현실이 바뀌기를 바랄 뿐이었겠지요.

1947년, 전쟁이 끝난 뒤 열린 전후 재판에서 많은 생존자들이 그에게 유리한 증언을 해 주었는데 자신을 '나치의 동반자'로 심판해 주기를 고집했던 것은 좀 더 많은 사람을 구해내지 못한 죄의식 때문일 것입니다.

그가 죽기 1년 전인 1956년에 쓴 편지에는 "나는 어디서부터 죄가 시작되고 어디에서 끝나는지 그 경계를 인식할 수 없었다. 독일 국민의 한 사람으로 죄책감을 느낀다. 이 재앙에서 피할 수 있는 길은 없었다."고 말한 것을 보면 그의 고뇌가 얼마나 컸던가를 짐작할 수 있습니다.

그가 포로수용소 책임자로 있으면서 유태인들을 구해 준 일들은 생존자들과 후손들에 의해 밝혀졌습니다. 당시 그 수용소에 2년 동안 감금되어 있다가 생존한 펄 굿의 아들 마이클 굿(47세, 미국 코네티컷 거주, 의사)은 어머니로부터 칼 플라게 소령의 이야기를 전해 듣고 그의 행적을 추적하여 밝히기 시작했습니다.

그는 칼 플라게 소령 이름으로 홈페이지를 만들어서 자료를 수집하기 시작했고, 생존자들에게 이메일을 보내 증언을 받아냈습니다. 또 독일 정부의 문서 보존소를 뒤지기도 하고 나중에는 그의 행적이 있을 만한 곳들을 일일이 답사하기도 했습니다.

그렇게 조사한 바에 따르면 칼 플라게는 나치 장교가 될 수 없었던 순수한 젊은이였습니다.

의사의 아들로 태어난 그는 여섯 살 때 아버지를 잃고, 고등학교를 졸업하자마다 1차 대전에 징집되어 참혹한 전쟁터를 전전하다가 영국군에게 포로가 되기도 했습니다.

그는 패전 후 고향에 돌아와서 아버지처럼 의사가 되기 위하여 다름슈타트 의대에서 공부하고, 졸업 후 프랑크푸르트 대학원에서 약학을 공부했습니다. 하지만 그를 기다리는 것은 궁핍한 패전국의 암담한 현실이었습니다.

그 때 독일 재건을 외친 위대한 지도자(?)를 보았고, 그는 곧 나치당(National Socialist Party)에 가입했습니다. 그러나 그 속에서 인종차별적인 선동과 사상 투쟁에 실망하여 그곳에서 발을 빼고 연구자로 돌아오려 했습니다. 다만 과학도로서 나라의 부흥에 일조하려 했지만 결국 원치 않게 2차 대전에 다시 징집되었습니다.

그는 유대인 포로수용소에서 아픈 사람들을 병원에 데려가 치료해 주었고, 가스실에서 폐기처분(?)될 처지의 포로들을 아직은 꼭 필요한 숙련공이라고 속여 생존케 했습니다. 그의 구조의 백미는 전쟁 막바지에 1,000여 명 이상을 도피케 하여 그들의 생명을 구한 것입니다. 러시아군에 밀려 철수하기 직전 SS친위대가 모든 유대인을 정리하려는 계획을 포로들에게 교묘히 알려 주었다고 합니다.

생존자들과 그 후손들의 끈질긴 노력으로 2005년 3월 예루살렘에 있는 유대인 학살 기념관 '야드 바쉠'의 명예의 장벽(Wall of Honor in the Garden of the Righteous)에 그의 이름이 오르게 되었습니다.

(*상세한 자료는 members.aol.com/michaeldg 참고)


유사 이래 인류에게 전쟁이 없는 날은 단 하루도 없었다고 합니다. 이 시각에도 원치 않는 전쟁터에서 고뇌하는 수많은 젊은이들을 생각해 봅니다.

전쟁과 살육이 없는 참 평화를 기원하면서 말입니다.

# 아름다운 할머니

여자가 예쁘다는 것은 좋은 일입니다. 아름다움은 모든 사람의 선망이기 때문입니다. 그러나 외모에 마음씨가 따라주지 않으면 '꼴(모양) 값' 한다는 빈정거림을 듣습니다.

옛 사람들이 '가인박명'佳人薄命이니 '경국지색'傾國之色이니 하는 말로 염려했던 것도 '바깥 꼴' 만큼 '안 꼴' 도 후덕하고 선량하기를 바랐기 때문일 것입니다.

아름다움은 꽃과 같아서 만개한 시절에는 싱싱함과 향기를 갖고 있지만 철이 지나면 그런 자랑은 하고 싶어도 할 수 없습니다.

유명한 여배우가 은퇴 후 은둔하듯 사라져버리는 것은 한 때 가졌던 미모에 대한 자존심 때문일 것입니다. 아무리 곱게 늙었다고 해도 주름이 자글자글한 얼굴을 보여주는 것은 용기가 필요한 일입니다.

영화 "로마의 휴일"로 아카데미 여우주연상을 받은 오드리 헵번(1929~1993년)은 만인의 연인이었습니다.

영국인 아버지와 네덜란드의 남작(Baron) 가문의 어머니 사이에서 태어난 그녀는 귀족처럼 남부러울 것 없이 살았습니다. 여러 영화에서 기품 있는 역할이 자연스러운 것은 실제 삶이 그러했기 때문입니다, 그녀는 촬영장에서도 언제나 겸손하면서도 우아함을 잃지 않았다고 합니다.

청초한 아름다움을 각인시킨 주옥같은 명화 "My Fair Lady", "전쟁과 평화", "티파니에서 아침을" 등을 남기고 은막에서 떠난 후 그녀는 사라지지 않았습니다.

이번에는 분장하지 않은 얼굴에 평상복으로 나타났습니다. 다름 아닌 유니세프(UNICEF) 유엔 아동기금 친선대사(Good Will Ambassador)로 활동을 시작한 것입니다. 그녀는 아프리카 빈민국들을 찾았습니다.

에티오피아, 수단, 소말리아 등에서 헐벗고 가난한 어린이들을 위하여 구호활동을 펼쳤습니다. 그녀의 모습은 더 이상 은막의 스타가 아니었습니다.

'바깥 꼴'은 50대 초로의 할머니가 되어 영화 속의 공주 같은 모습이 아니었지만 '안 꼴'은 누구보다 아름다운 천사의 모습이었습니다.

오드리 헵번은 10세 때 네덜란드에서 어머니와 함께 휴가를 보내던 중, 히틀러의 나치군에 의해 점령 상황을 맞습니다. 그 때 공포와 굶주림으로 인한 영양실조를 겪었는데 바로 이 경험이 가난한 어린아이들을 위한 헌신의 계기가 되었습니다.

그녀가 대장암으로 세상을 떠날 때의 나이는 63세, 세상은 천사를 잃었지만 이듬해에 그녀는 '오드리 헵번 아동기금'(The Audrey Hepburn Children's Fund)으로 다시 찾아왔습니다.

아! 진정 아름다운 사람입니다.

그녀가 자녀에게 남겼다는 글이 전해집니다.

아스피린
한 병의 사랑

아름다운 입술을 갖고 싶으면 친절한 말을 하라.

사랑스런 눈을 갖고 싶으면 좋은 점을 보아라.

날씬한 몸매를 갖고 싶으면 너의 음식을 배고픈 사람과 나누라.

아름다운 머리카락을 갖고 싶으면 하루에 한번 어린이가 너의 머리를 쓰다듬게 하라.

아름다운 자세를 갖고 싶으면 결코 혼자 걷고 있지 않음을 명심해서 걸어라.

사람들은 상처로부터 복구되어져야 하며, 낡은 것으로부터 새로워져야 하고,

병으로부터 회복되어야 하고, 무지함으로부터 교화되어야 한다.

또, 고통으로부터 구원받아야 하고, 결코 누구도 버려져서는 안 된다.

기억하라!

만약 도움을 주는 손이 필요하다는 사실을 깨닫는다면, 너의 팔 끝에 있는 손을 사용하라.

또 나이가 들면 손이 두개라는 것을 발견하게 될 것이다.

한 손은 너 자신을 돕는 손이고, 다른 한 손은 다른 사람들 돕는 손이라는 사실을⋯⋯.


"이웃을 사랑하는 사람은 이웃에게 해로운 일을 하지 않습니다. 그러므로 사랑한다는 것은 율법을 완성하는 일입니다."(로마서 13장 10절, 공동번역).

# "No!" 라고 말한 것뿐

오랫동안 노예생활을 했던 흑인들이 해방된 것은 링컨 대통령에 의해서입니다.

1862년 링컨은 '노예해방선언'(The Emancipation Proclamation)을 통해서 노예 제도를 없애려 했으나 곧바로 인종차별이 완전히 사라진 것은 아니었습니다.

그로부터 93년 뒤 연방 대법원에서 '연방 민권법'(Civil Right Acts)이 발효되기까지도 흑인은 여전히 차별의 대상이었습니다. 사회적인 진출이 막혀 있었을 뿐만 아니라 흑인과 백인은 식당이나 공공장소에서 분리 사용하는 것이 당연한 관습처럼 되어버렸습니다.

이에 마틴 루터 킹 목사가 등장하여 흑인의 지위 향상을 위해 민권운동을 했습니다. 그 민권운동의 불씨를 지핀 사람은 한 평범한 중년 여성이었습니다.

그녀의 이름은 로자 파스(Rosa Parks, 1913-2005년) 42세의 가난한 봉제공(seamstress)이었습니다. 그녀의 아버지는 목수, 어머니는 교사였지만 넉넉한 형편이 아니었기 때문에 그녀는 21세가 되어서야 고등학교를 졸업할 수 있었습니다. 그리고 나서 얻은 직업은 재봉사, 고단하게 사는 평범한 흑인이었습니다.

1955년, 그녀가 일을 마치고 집에 돌아가려고 버스를 탔을 때 역사적인 사건이 터졌습니다.

당시 앨라배마 시내버스는 남북전쟁 후 만들어진 짐 크로(Jim

Crow)법에 따라 백인과 흑인의 좌석이 분리되어 있었습니다. 즉 앞에서부터 네 줄은 백인 전용, 뒤에서부터 열 줄은 흑인 전용, 그리고 중간의 몇 좌석들은 아무나 앉되 비록 흑인이 먼저 앉았을 지라도 백인이 와서 자리를 달라고 하면 비켜 주어야 했습니다.

당시 그 버스를 이용하는 승객의 70%가 흑인이었지만 법과 규정은 백인을 위한 것이었습니다. 명백한 차별이었습니다.

그 날, 로자 팍스가 버스에 올랐을 때 흑인 전용 자리는 모두 차 버렸습니다. 그렇다고 백인 자리에 앉을 수도 없고 해서 그녀는 비어 있는 중간 자리에 앉았습니다.

몇 정류장이 지나면서 백인들이 탔고, 모두 백인 전용 자리에 앉았으나 한 명의 백인은 좌석이 없어서 서 있게 되었습니다. 이를 보고 운전기사가 중간 자리에 앉아 있는 그녀에게 자리를 양보하라고 했습니다. 그녀는 거부했습니다.

다시 운전기사는 큰 소리로 자리를 양보하라고 했지만 역시 거부했습니다. 어떻게 되었을까요?

얼마 후 그녀는 경찰에 의해 구타당한 뒤 체포되었습니다. 그 후 앨라배마 법을 어겼다고 벌금 10달러와 법정 요금(court fee) 4달러 등 모두 14달러의 벌금형을 선고받았습니다.

이 사건이 알려지면서 흑인들은 분노했고, 이로 인해 시작된 버스 승차거부 운동은 381일 동안 계속되었습니다. 이 때 이 운동을 주도한 사람이 유명한 마틴 루터 킹 목사였습니다.

흑인들은 단결하여 저항했고, 이들에 대한 경찰의 진압은 무지막지했습니다. 곤봉과 물대포와 경찰견까지 동원한 폭력에 그들은 비폭력으로 맞섰습니다. 얼마나 많은 사람이 다치고 상처를 받았겠습니까!

마침내 1956년 11월, 연방 대법원은 버스에서 흑백분리가 위헌이라고 판결했습니다. 그들이 승리한 것입니다.

모든 것이 다 해결된 것 같았지만 이 사건의 주인공인 로자 팍스의 고난은 끝나지 않았습니다. 왜냐하면 몽고메리 시 어디에서도 더 이상 일자리를 얻을 수 없었기 때문입니다.

결국 그녀와 가족은 버지니아 주로 떠날 수밖에 없었고, 거기서 다시 북부의 끝인 디트로이트로 가야 했습니다.

그녀는 이미 유명해져 있었고 본인의 의지와 상관없이 인권운동가가 되어 가난한 흑인들을 위해 살다가 지난 2005년 10월 24일, 92세의 일기로 세상을 떠났습니다.

로자 팍스 사건은 흑인들의 인권 향상을 위한 결정적인 계기가 되었지만 그녀가 한 일은 옳지 못한 일에 대하여 단호하게 "No!"라고 말한 것뿐입니다. 그것이 세상을 바꾸어 놓은 것이지요.


성경은 "오직 너희 말은 옳다 옳다, 아니라 아니라 하라 이에서 지나는 것은 악으로 좇아 나느니라 Simply let your 'Yes' be 'Yes,' and your 'No,' 'No'; anything beyond this comes from the evil one."라고 가르칩니다(마태복음 5장 37절).

옳은 것은 Yes! 틀린 것은 No! 얼마나 쉽습니까! 그러나 이것은 얼마나 많은 용기를 필요로 합니까! 그리스도인들이 Yes 와 No를 분명히 할 때 세상은 천국이 될 것입니다.

# 나 아직 안 죽었어

사람이 죽기 전에 마지막으로 남기는 말은 특별한 의미를 갖습니다. 순간 스냅사진처럼 작위作爲없이 나온 말들 속에 그 사람의 삶이 담겨 있기 때문입니다.

명사들의 마지막 말 중에서 몇 가지 유형으로 정리해 봅니다.

먼저, 만족스럽게 임종을 맞는 타입으로는 악성樂聖 베토벤이 있습니다. 그는 "친구여, 박수를 쳐다오! 희극은 끝났다! Friend, Applaud! The comedy is over!"고 했고, 엘비스 프레슬리는 마지막 기자회견장에서 맺는말로 "제가 여러분들을 지루하게 만들지 않았기를 바랍니다. I hope I haven't bored you."라고 한 후 얼마 뒤에 죽었답니다.

클래식이든 대중음악이든 늘 무대에서 박수를 받는 것이 중요했기에 죽는 순간에도 관객이 신경 쓰였나 봅니다.

죽음을 받아들이기 주저했던 사람도 있습니다.

무솔리니는 교수대에서 처형되기 전 사형을 집행하는 장교에게 "But, but, mister colonel…" 하고 죽었다고 합니다. 한 때 무소불위의 독재자였던 그가 목숨을 구걸하는 것이 구차합니다.

또 영화 "카사블랑카"로 유명한 배우 험프리 보가트는 "스카치에서 마티니로 바꾸지 말았어야 했는데… I should never had switched for Scotch to Martins." 라고 말했습니다. 사실 그는 술 때문이 아니라 하루에 다섯 갑씩 피운 담배 때문에 식도암(throat cancer) 죽었답니다.

바르게 살았더라면 사형 당할 일도 없고, 생활 습관이 건전했더라면 불치의 병의 피할 수 있었을 텐데 말입니다.

죽음을 예견한 듯한 사람도 있습니다.

반항적인 이미지의 배우 제임스 딘은 자동차 사고로 죽기 2시간 전 "좋은 시절은 끝났군! My fun days are over!"이라고 말했다고, 유명한 존 F 케네디 대통령은 달라스에 도착하기 직전 "누가 나를 죽이려고 한다면 죽일 수 있을 것이다. If someone is going to kill me, they will kill me."라고 했답니다.

그래서인지 무심코라도 부정적인 말은 꺼려집니다.

그 외에도 데어도어 루즈벨트 대통령은 "이제 불을 꺼 다오! Put out the light!" 하며 임종을 받아들인 반면에, 오헨리는 "불을 켜 다오! 고향집에 가고 싶지 않다. Turn up the lights, I don't want to go home."고 하면서 삶에 대한 애착을 보였다고 합니다.

또 프랑스의 "태양왕"으로 불린 절대 군주 루이 14세는 "울지들 말아라. 내가 불사조인줄 알았느냐? Why are you weeping? Did you imagine that I was immortal?" 하며 죽음을 인정한 반면에 미국의 변호사 출신의 유명한 정치가 다니엘 웹스터는 "나 아직 안 죽었어! I still live!" 라며 법조인다운 말을 남겼답니다. 아마도 죽음을 부인하고 싶었던 것 같습니다.


얼마 전 웨스트버지니아의 Sago 탄광 매몰 사고로 광부 12명이 희생되었는데 그 중 마틴 톨러(Martin Toler)라는 광부가 가족에게 남긴 메모가 심금을 울립니다.

"모두들 하늘나라에서 만나자고 전해 다오. 난 괜찮아, 단지 자러 가는 거야, 사랑한다. 아들아! Tell all I see them on the other side. It wasn't bad. I just went to sleep. I love you. Jr."

폭발사고로 캄캄한 막장에 갇혀서 유독가스에 서서히 질식되어 죽어가면서도 오히려 살아 있는 가족을 위로하는 모습이 안타깝고, 뜨거운 가족 사랑이 눈물겹습니다.

생전 어린 손주를 안고 활짝 웃는 51세의 중년 남자의 사진을 보면서 그 가족의 아픔을 헤아려 봅니다.


어느 장례식에서 고인의 생전 육성을 청취하는 순서를 보면서 이런 가정을 해 보았습니다. 녹음 메시지보다 영상 메시지를 남기면 어떻겠는가 하는 것과, 그 영상 메시지를 오는 조객들을 상대로 준비하면 어떻겠는가 하는 것입니다. 이렇게 말입니다.

"내 장례식에 참석해 주셔서 감사합니다. 내 가족들을 위로해 주시고, 여러분도 너무 슬퍼 마세요. 모두 신앙생활 잘 하다가 천국에서 만납시다."하는 정도로요.

정말 소망이 있다면 엉뚱하다고만 하지 않겠죠?

# 마음으로 보는 풍경

　　A. W. 타겟(A. W. Target)이라는 작가가 쓴 「창」이라는 단편 소설 가운데 한 내용입니다.

　　어느 작은 병실에 두 남자가 입원해 있었는데, 한 사람은 폐암 말기 환자이고 또 한 사람은 디스크 환자였습니다. 디스크 환자는 수술 받은 지 얼마 되지 않았기 때문에 침대에 꼼짝없이 누워 있어야 했지만 폐암 환자는 하루에 한 시간 정도는 자리에 일어나서 창밖을 내다볼 수 있었습니다. 병세로 보면 폐암말기 환자의 상황이 더 절망적이었지만 그는 왠일인지 늘 기쁨을 간직하고 있었습니다.

　　하루는 디스크 환자가 창밖을 보고 있는 폐암 환자에게 도대체 밖에 무엇이 보이냐고 물었습니다. 그는 지그시 눈을 감고 이렇게 말했습니다. "아름다운 호수에 보트와 백조가 한가로이 떠 있고 호숫가를 산책하는 여인들과 잔디밭에서 놀고 있는 어린아이의 얼굴이 보이네요."

　　이 말을 듣고 있던 디스크 환자의 얼굴은 갑자기 분노로 일그러지기 시작했습니다. 그는 폐암 환자의 얼굴에 늘 기쁨이 있는 것은 침대가 창문 곁에 있기 때문이고, 자기는 차별대우를 받고 있다는 생각을 했습니다. 그래서 빨리 폐암 환자가 죽어 나가면 저 창가의 침대를 차지해야겠다는 생각까지 했습니다.

　　그러던 어느 날 밤 폐암 환자가 심하게 기침을 하면서 신음하기 시작했습니다. 디스크 환자는 비상벨을 눌러서 의사를 부를까

하다가 침대를 차지하겠다는 생각에 그대로 두었습니다. 아침이 밝아올 무렵 갑자기 옆 침대가 조용해졌고 고통 받던 폐암 환자는 그의 기대대로 세상을 떠났습니다.

그는 병원의 허락을 받아 드디어 창문 곁으로 침대를 옮겼습니다. 옮기자마자 있는 힘을 다해서 침대를 붙들고 일어나 창밖을 내다보았습니다. 그런데 놀랍게도 창 밖에는 회색의 콘크리트 담벼락뿐이었습니다. 폐암 환자는 기쁨을 창조한 것이었습니다.


같은 내용의 실화가 있습니다.

주인공은 2차 대전 당시 나치의 강제 수용소에서 살아남은 빅터 플랭클이라는 사람입니다. 희망이라고는 보이지 않는 죽음의 공포 속에서 그와 동료들은 살아남았고, 그 경험을 『죽음의 수용소에서』라는 책으로 발표했습니다.

그들이 살아남은 비결은 이러합니다. 그는 동료 수감자들에게 매일 한 가지씩의 과제를 실천하게 했습니다. 그것은 각자가 이 수용소에서 해방되어 자유의 몸이 되었을 때 무엇을 할 것인가를 상상하여 발표하는 것이었습니다. 사람들은 그 시간을 통하여 소망의 미래를 꿈꾸었고, 그때마다 모두들 한바탕 웃을 수 있었습니다.


소망은 기쁨이며 생명입니다.

"우리 주 예수 그리스도의 하나님, 영광의 아버지께서 지혜와 계시의 정신을 너희에게 주사 하나님을 알게 하시고 너희 마음눈을 밝히사 그의 부르심의 소망이 무엇이며 성도 안에서 그 기업의 영광의 풍성이 무엇이며 그의 힘의 강력으로 역사하심을 따라 믿는 우리에게 베푸신 능력의 지극히 크심이 어떤 것을 너희로 알게 하시기를 구하노라"(에베소서 1장 17-19절).

# 아빠, 무서워요

3살 짜리 아이를 둔 이혼 부부가 있었습니다.

아이는 엄마와 함께 살고 있었고 불행하게도 아빠 공포증을 가지고 있었습니다. 엄마는 법원에 아이가 아빠를 만나지 못하도록 요청하였으나, 법원은 아빠가 전문 자격증을 가진 3자의 입회 아래 아이를 만날 수 있도록 했습니다.

이것은 캘리포니아 주 가정법 중에서 '감독 방문'(Supervised Visitation)이란 제도인데 아동 학대 전력이나 가능성이 있는 사람에게 자격증을 가진 3자의 입회 아래서 면담이 이루어지도록 하는 것입니다.

이렇게 아빠와 아이가 만나다가 어느 날 감독 방문에 대한 재평가를 위한 공판이 열렸습니다. 엄마는 제 3자가 입회하는 방문이 지속되든지 아니면 그런 방문조차 금지되기를 바랐습니다. 남편에 대한 불신과 아이에 대한 염려 때문이었습니다.

그러나 입회인의 보고서를 읽은 판사는 엄마의 기대와 달리 감독방문을 해제했습니다.

보고서에 따르면 어느 날 아이가 아빠와 함께 동물원에 갔다가 원숭이 우리 앞을 지나게 되었습니다. 마침 원숭이들이 소리를 지르며 사납게 싸우는 순간 아이가 극심한 공포감에 휩싸여 아빠를 부르며 아빠 품에 안겼다는 것입니다.

판사는 판결을 하면서 "아이가 공포심을 느낄 때 본능적으로 달려가 매달린 사람은 아빠입니다. 아이의 원초적인 반응에서 아이의 심리를 읽을 수 있습니다. 당신에게는 나쁜 남편이었을지라도 당신이 걱정하는 것만큼 나쁜 아빠는 아닌 것으로 판단됩니다. 단, 아빠도 다시는 아이의 신뢰를 잃지 않도록 계속 노력하십시오."라고 말했습니다.

어린아이에게 아빠의 존재는 너무 큽니다.

아빠는 무엇이든지 할 수 있는 슈퍼맨이며 무슨 요구든지 다 들어줄 수 있다고 생각합니다. 높은 지붕 같은 곳에 올라가 있어도 아빠를 향해서는 아무런 두려움 없이 뛰어내릴 수 있습니다.

지붕의 낙차가 얼마이고, 만약 아빠가 나를 제대로 받지 못하고 떨어뜨린다면 다칠 수 있다는 생각은 조금도 하지 않습니다.

이것은 관계의 문제입니다. 신뢰를 바탕으로 맺어진 관계이기 때문에 뛰어내릴 수 있는 것이고 그렇지 않으면 공포증을 갖게 되는 것입니다. 이런 점에 있어서 모든 문제를 관계의 문제로 볼 수 있습니다.

종과 아들의 차이는 현저합니다. 같은 사람을 대하면서 종은 무서워하고 아들은 무서워하지 않습니다. 종에게 있어 주인은 실수할 때 단지 책망만 하는 상전일 뿐이며 장래에 대한 어떤 기대도 없습니다.

그러나 아들의 경우에 아버지는 비록 실수를 한다고 해도 용서해주는 분이고 뿐만 아니라 장차 후계자로서 아버지의 모든 것을 물려받을 수 있는 관계입니다. 아들을 희망 속에서 지지와 격려를 가지고 있습니다.

종의 관계인지 자녀의 관계인지에 따라서 그 사람의 행동이 달라지는 것은 당연합니다. 만일 아들이 아버지를 상전으로 알고 아버지라고 부르지도 못할뿐더러 늘 두려워하며 산다면 아버지의 심정이 어떠하겠습니까?

부모와 자식간에, 부부간에, 그리고 사람과 사람 간에 알맞는 신뢰의 관계가 이루어져야 하는 것은 당연한 일입니다. 하물며 하나님과의 관계는 어떻겠습니까?

성경은 우리가 종이 아니라 하나님의 자녀인 것과 그래서 하나님을 아버지라고 부를 수 있다는 사실을 가르쳐 줍니다. 이 얼마나 기막힌 특전입니까!

"너희는 다시 무서워하는 종의 영을 받지 아니하였고 양자의 영을 받았으므로 아바(아람어로 '아빠'란 뜻) 아버지라 부르짖느니라. 성령이 친히 우리 영으로 더불어 우리가 하나님의 자녀인 것을 증거하시나니"(로마서 9장 15–16절).

# 필요할 때마다 복용할 것

에이레 태생의 소설가인 올리버 골드스미스(Oliver Goldsmith, 1730-1774년)는 마음씨가 착해서 자기가 가진 것은 무엇이든지 사람들과 나누어 가지려 했고, 그래서 항상 가난한 사람이었습니다.

한때 의사가 되려고 의학을 공부해서인지 사람들은 그를 의사 골드 스미스(Doctor Goldsmith) 라고 불렀습니다.

하루는 어떤 부인이 찾아와서 자기 남편이 아파서 음식을 잘 먹지 못하니 진찰을 해달라고 했습니다. 골드스미스는 쾌히 응낙하고 그 집으로 갔습니다.

그 집은 매우 가난하였고, 남편은 실직한지 오래 되었습니다. 그는 아픈 것이 아니라 근심에 잠긴 것이었으며, 먹지 못한다는 것도 사실은 집안에 먹을 것이 없었기 때문인 것을 알았습니다. 골드스미스는 그 부인에게 말했습니다.

"오늘 저녁 제 사무실에 들러주세요. 제가 남편이 드실 약을 좀 드리겠습니다."

저녁에 부인이 찾아왔을 때 골드스미스는 작지만 무거운 종이 상자를 건네주었습니다.

"어떻게 복용해야 합니까?"

"상자 안에 사용법이 있습니다. 그대로 하시면 효험이 있을 겁니다. 그러나 집에 도착하기 전에는 상자를 열어보지 마십시오."

이윽고 집에 돌아와서 남편과 함께 그 상자를 열었습니다. 무슨 약을 처방했을까 궁금해하면서 말입니다. 그런데 이게 웬일입니까? 그 상자 안에는 약이 아니라 돈이 가득 들어 있는 것이 아니겠습니까? 골드스미스는 갖고 있던 현금 전부를 그들에게 주었던 것입니다. 그 상자 속 돈 위에 놓여 있는 처방은 이랬습니다.

"필요할 때마다 복용할 것. To Be Taken As Often As Necessity Requires."

병들고 가난한 사람에게는 먹을 양식과 의약품이 우선입니다. 그들이 인간으로서의 기본적인 욕구를 채우지 못한 상태에서는 아무리 좋은 예수 그리스도의 복음을 전한다고 하더라도 마음에 와닿기가 쉽지 않기 때문입니다. 따라서 전도나 선교에 있어서도 이점은 대단히 중요하게 생각해야 할 부분입니다.

이번에는 순서를 바꾸어서 생각해 봅시다. 이미 믿음을 가진 그리스도인들의 삶에 꼭 필요한 것은 무엇일까요?

믿음과 행함을 비교하며 교훈하는 야고보의 가르침은 이렇습니다.

"나의 형제자매 여러분, 사람이 믿음이 있다고 말하면서도 행함이 없으면 무슨 소용이 있겠습니까? 그런 믿음이 그를 구원할 수 있겠습니까? 어떤 형제나 자매가 헐벗고 그날 먹을 것조차 없는데 여러분 가운데서 누가 그들에게 평안히 가서 몸을 따뜻하게 하고 배부르게 먹으라고 말만 하고, 필요한 것들을 주지 않으면 무슨 소용이 있겠습니까? 믿음에 행함이 따르지 않으면 그 자체로는 죽은 것입니다"(야고보서 2장 14-17절, 표준 새번역).

독일의 철학자 에리히 프롬(Erich Fromm, 1900-1980년)은 그의 저서 『사랑의 기술』(The Art of Loving)에서 사랑의 특징을 이렇게 정의합니다.

관심, 늘 생각합니다.

책임짐, 비판하지 않습니다.

존경, 업신여기지 않습니다.

이해, 상대의 입장을 헤아립니다.

줌, 이기적으로 챙기기만 하지 않습니다.


성경의 교훈이나 존경할만한 이들의 가르침이 권면으로 들리기보다 책망으로 들리는 것은 무슨 연유인가요?

# 57센트의 기적

2차 대전 당시 이탈리아에 주둔 중인 미 공군 상사의 아들 바비 힐의 이야기입니다.

어린 바비는 평생토록 아프리카 오지에서 헌신적으로 의술을 펼친 슈바이처 박사에 관한 기사를 읽고 감동을 받았습니다. 슈바이처 박사가 잘 사는 나라를 떠나서 문명의 혜택이라고는 찾아볼 수 없는 정글에서 아프리카 사람들을 위하여 섬기는 모습이 마음에 깊이 와 닿았고, 특히 그들을 치료할 의약품이 모자란다는 사실에 마음이 아팠습니다.

바비는 그 동안 모았던 저금통을 깨뜨려서 아스피린 한 병을 샀고, 그것을 자기 아빠가 근무하는 공군 부대 사령관에게 보냈습니다.

"이것을 낙하산에 매달아서 아프리카 슈바이처 박사에게 떨어뜨려 주세요."

이런 바비의 미담이 방송에 보도되었고, 이에 감동을 받은 사람들이 하나둘 모금을 하여 자그마치 40만 달러의 의약품이 모아졌습니다. 얼마나 감동적인 이야기입니까!

어린아이 한 명에 의해 시작된 감동적인 이야기는 또 있습니다. 미국 필라델피아에 템플 교회가 세워졌을 때의 일입니다. 대부분의 교회가 그렇듯이 교회는 어른 중심으로 예배를 드립니다. 처음 교회가 시작되었으니 더 말할 나위가 없었겠지요. 아이들도 예배를 드리러 교회에 왔으나 자리가 없었습니다. 교회에서는 자리가 없어서 그러니 다음에 오라고 할 수밖에요.

한 소녀가 그 말을 듣고 기다리던 중에 병이 들어 죽게 되었습니다. 그 소녀의 베개 밑에는 57센트와 편지 한 통이 있었습니다.

"목사님, 저는 교회에 가고 싶지만 예배실이 좁아서 빈자리를 기다리는 아이입니다. 제가 먹고 싶은 것을 사 먹지 않고 모은 돈이니 이것으로 예배당을 지어 모든 어린이들이 함께 예배드릴 수 있게 해 주세요."

그 편지는 그 소녀의 장례식 때 모든 성도들 앞에 읽혀졌고, 듣는 이들은 모두 감동의 눈물을 흘렸습니다. 이를 계기로 어른들이 헌금을 시작했고, 곧 큰 교육관을 지을 수 있었습니다.

이 감동적인 이야기는 여기에서 그치지 않습니다. 템플 교회는 유명한 선한 사마리아 병원(Good Samaritan Hospital)을 지어 극빈자들을 치료하는 일을 시작했고, 명문 템플 대학교를 설립하는 데 기초가 되었습니다.

사람들은 이 이야기를 '57센트의 기적'이라고 부릅니다.

구약 시대에는 곡식을 추수를 할 때 밭의 네 모퉁이는 베지 않고 남겨 두었습니다. 또 추수를 하다가 떨어진 열매도 다시 가서 줍지 않았습니다. 그것은 농토가 없는 가난한 사람과 나그네를 위해서였습니다.

추수 때가 되어도 추수할 땅도, 곡식도 없는 사람들이 굶지 않도록 하시려는 하나님의 사랑이었습니다.

"너희 땅의 곡물을 벨 때에 너는 밭모퉁이까지 다 거두지 말고 너의 떨어진 이삭도 줍지 말며 너의 포도원의 열매를 다 따지 말며 너의 포도원에 떨어진 열매도 줍지 말고 가난한 사람과 타국인을 위하여 버려두라 나는 너희 하나님 여호와니라"(레위기 19장 9–10절).

구약성경 룻기에 나오는 나오미와 룻 이야기 배경에는 이 모퉁이 곡식과 떨어진 이삭의 아름다운 풍습이 있었습니다. 물론 보아스의 넉넉한 마음이 돋보이는 것은 말할 것도 없고요.

아스피린 한 병, 57센트에 담긴 작은 사랑이 큰 기적을 만듭니다.

# 11시 20분이었어요!

1951년 2월 6일 뉴욕을 출발하여 뉴저지로 가던 열차가 다리가 무너져 25피트 낭떠러지로 추락하는 사고가 일어났습니다. 이 사고로 85명이 사망하고 500명이 중경상을 입었습니다.

그 열차에 타고 있던 승객 중 로버트 스타우드는 그의 부인 밀드레드 스타우드와 함께 레드뱅크 제일감리교회에 다니는 신실한 그리스도인이었습니다.

퇴근 시간이 다가오므로 부인은 남편을 위하여 저녁을 마련하면서 습관대로 부엌 선반 위의 라디오를 켰습니다. 라디오에서는 긴급 뉴스로 열차 사고 소식을 내보내고 있었습니다. 부인은 직감적으로 남편의 사고를 예감하고 불안한 마음으로 라디오에 귀를 기울였습니다.

라디오에서는 사망자 명단이 속속 나오고 있었고, 초조하게 기다렸지만, 사망자 명단에도 부상자 명단에도 남편의 이름은 없었습니다.

이미 남편의 귀가 시간은 지나 버렸습니다. 밀드레드 부인은 집에서 기다릴 수 없어서 사고 현장으로 나섰습니다. 사고 현장에서는 횃불을 밝혀 놓고 구조 작업을 하고 있었고, 구조대원들은 부상자들을 나르느라 분주했습니다. 거기서는 도저히 남편의 소식을 알 수 없어서 부인은 경찰서로 갔습니다.

확인된 사망자와 부상자들이 입원한 병원 등을 안내해 주고 있었는데 남편의 소재는 여전히 알 수 없었습니다. 그날 밤 12시 30분, 밀드레드 부인은 안내방송에서 남편의 이름이 불려지는 것을 들었습니다.

"로버트 스타우드 중상! 암보이 제네럴 병원!

로버트 스타우드 중상! 암보이 제네럴 병원!"

병원까지는 2.5마일(4km), 정신없이 달려가 보니 그 병원도 많은 사람으로 발 디딜 틈이 없었습니다. 사람들을 헤치고 병실로 가 보니 남편은 머리에 붕대를 감은 채 의식없이 누워 있었습니다. 병상 침대에는 '두개골 파상 가능성, 10시에 최후의 의식'이라고 적혀 있었습니다.

이튿날에도 남편은 의식을 되찾지 못했고, 자극 실험에도 아무런 반응이 없었습니다. 그렇게 하루 이틀 초조한 날을 보내다가 5일째 되는 날 저명한 외부 의사가 특별히 초빙되어 진단했습니다. 그는 솔직하게 가망이 없다고 말해 주었습니다.


주일이 되었습니다.

그 교회 성도 중 세 명이 사망하고 서른 명이 부상당한 사고에 목사님은 참담하기만 했습니다.

주보를 보았습니다. 순서에는

"독창 - 「하나님을 믿고 의지하라」- 밀드레드 스타우드"라고 적혀 있었습니다.


목사님은 안타까움을 누르며 순서에 따라 예배를 진행하려는데 자신도 모르게 예배 순서를 바꾸고 있었습니다.

"지금 시각은 11시 15분, 여러분이 사랑하는 교우 로버트 스타우드씨는 지금 이 시간 암보이 제네럴 병원에 의식 없이 누워 있습니다. 우리 모두가 간절히 기도하면 그 기도가 전해지리라 믿습니다."

이에 모든 성도들이 함께 간절하게 기도하였고, 기도 후 예배를 진행하려고 시간을 보니 11시 20분이었습니다. 이윽고 예배가 끝나고 목사님이 서재에 있는데 전화벨이 울렸습니다. 스타우드 부인이었습니다.

"목사님, 이상한 일이 일어났어요! 남편이 눈을 떴어요!"

목사님에게 전해 준 소식은 놀라운 것이었습니다.

남편이 눈을 떴고, 이어 맥박과 호흡이 호전되어 갔으며, 꼬집었더니 "아이쿠!" 소리를 내더라는 것이었습니다.

"한 가지만 물어봅시다." 목사님이 말했습니다.

"혹시 환자가 눈 뜬 시각을 기억하십니까?"

"네, 기억할 수 있어요. 11시 20분이었어요!"


"의인의 간구는 역사하는 힘이 많으니라"(야고보서 5장 16절).

# 소중한 제 남편인걸요

오래 전에 있었던 대만 사람의 이야기입니다.

아주 친한 친구 둘이 장차 각각 아들과 딸을 낳으면 결혼을 시키자고 약속을 했습니다. 둘 다 아들을 낳았다든지, 혹은 둘 다 딸을 낳았더라면 그 약속은 이루어질 수 없었을텐데 다행히도 하나는 아들, 하나는 딸을 낳았습니다.

그들은 아버지와 사돈의 약속에 따라 19세 되던 해에 결혼을 하게 되었는데 결혼식 당일에 처음 서로의 얼굴을 보게 되었습니다. 지금이야 말도 안되는 얘기지만 그 당시에는 흔히 그럴 수 있는 때였습니다.

어쨌든 그 둘이 부부가 되었는데 양가 부모님의 마음처럼 서로에 대하여 깊은 사랑과 신뢰를 가질 수 있었으면 얼마나 좋았겠습니까. 하지만 그렇질 못했습니다. 그 이유는 신부의 외모가 천하의 박색이었기 때문입니다.

얼굴은 곰보인 데다가, 들창코에 눈썹도 없고, 눈꺼풀에는 큰 흉터가 있어서 동갑인데도 마흔쯤으로 보였습니다. 결혼식 날 신랑은 기겁을 하고 신방에서 뛰쳐나와 다니던 학교 기숙사로 도망쳤습니다. 여름 방학이 되어도 집에 돌아가지 않으려 하니까 아버지가 사촌형을 보내서 억지로 데려왔고, 엄마는 비록 얼굴은 박색이지만 겪어보니 어질고 착하더라고 하면서 달랬습니다.

남편은 그렇게 기숙사에서 지내며 학교를 다녔고 졸업 후 교사로 재직하면서는 홀로 관사에서 지냈습니다.

아내는 시부모를 모시고 살면서 어려운 살림을 꾸려가느라 억척스레 일했습니다. 밀집모자를 만들고, 돗자리를 짜고, 그물을 손질하는 등 남편도 없이 힘든 시집살이를 했습니다. 그 사이에 딸은 자라서 교사가 되었고, 아들은 육군사관학교에 입학해 장래가 촉망되는 생도가 되었습니다.

어느 날 남편은 각막염으로 오른쪽 시력을 잃게 되었습니다. 게다가 불행하게도 왼쪽 눈마저 지독한 원시라서 앞을 잘 볼 수가 없었습니다.

불편함을 넘어서 절망스럽기까지 한 생활을 한 지 1년쯤 지났을 때 어떤 사람에게서 각막 이식 수술을 하면 시력을 되찾을 수 있다는 말을 듣게 되었습니다.

아내는 오랫동안 가내 부업으로 모은 돈 2만 달러(대만 달러)가 들어있는 통장을 내놓으며 수술을 하라고 했습니다. 이제 각막을 제공할 사람을 찾기만 하면 되었습니다. 일이 잘 되느라고 그랬는지 한 달쯤 후에 의사에게서 연락이 왔습니다. 교통사고로 죽은 운전사가 죽기 전에 자기 몸의 여러 부분을 팔아서 쓰라고 유언했는데 그쪽에서 1만 달러를 요구한다는 것이었습니다.

망설일 것 없이 곧 수술을 했고, 수술은 성공이었습니다. 2주일 후 실을 뽑고 집에 돌아가 보니 집안 분위기가 이상하게 침울했습니다. 딸은 엄마에게 울면서 사실대로 말하라고 큰소리쳤습니다.

엄마는 "애야 목소리가 너무 높구나, 엄마는 당연히 해야 할 일을 했을 뿐이란다……."

남편이 새 눈으로 가까이 가서 아내를 보니 아내의 왼쪽 눈 홍채가 흐려져 있었습니다. 그제야 그는 모든 것을 알 수 있었습니다. 남편은 그 때 처음으로 아내의 이름을 불렀습니다.

"금화! 왜 이런 짓을 했소!"

"당신은 소중한 제 남편인걸요."

남편은 그녀 앞에 무릎을 꿇었습니다.

기독교의 핵심이라고 할 수 있는 복음은 십자가에서 우리를 위하여 대속의 제물로 죽으신 예수 그리스도를 믿는 것입니다. 죽을 수밖에 없는 죄인을 위하여 죄 없으신 분이 대신 죽으신 것은 어느 것에도 비교할 수 없는 고귀한 희생이요, 사랑입니다.

"그가 우리를 위하여 목숨을 버리셨으니"(요한일서 3장 16절).

# 제 2의 쉰들러 리스트

2차 대전 당시 독일에 의해 저질러진 유대인 학살은 참으로 잔인한 것이었습니다.

영화 "쉰들러리스트"는 유대인 수용소의 실상을 그린 것으로 당시의 참혹한 모습을 그대로 보여 주었습니다. 이 영화의 스토리는 오스카 쉰들러에 의해 목숨을 건진 1,200명 중 한 명인 레오폴드 페이지에 의해서 세상에 알려지게 되었습니다.

스티븐 스필버그 감독의 이 영화에서는 유대인들이 삶과 죽음 사이에서 당하는 매 순간의 공포가 매우 사실적으로 표현되었습니다. 관객들의 입장에서도 충분히 공분公憤을 느낄 수 있도록 말입니다. 그러니 수용소에서 그것을 직접 체험한 사람들은 어떠했겠습니까?

레오폴드 페이지는 전쟁 전에는 교사였다가 전쟁이 끝난 후 미국으로 이주했습니다. 그는 헐리우드에서 가죽 제품을 파는 상점을 운영하면서 기회가 닿는 대로 작가들에게 쉰들러 이야기를 했습니다. 자기가 경험했던 그 기막힌 이야기를 세상에 알려서 인류에 대한 나치의 범죄를 고발하는 동시에 쉰들러씨에 대한 빚을 갚으려 했던 것이지요.

1980년 어느 날, 그는 그의 가게에 서류가방을 사러 온 사람을 만났는데 그의 이름은 토마스 케넬리였습니다. 그는 호주 사람이었고 직업은 작가였습니다. 역시 이 사람에게도 쉰들러씨에 대한 이야기를 전했고, 집요한 노력은 마침내 열매를 맺게 되었습니다. 1982년에 마침내 소설 『쉰들러리스트』가 토마스 케넬리에 의해 발행된 것입니다.

레오폴드 페이지의 노력은 여기에 그치지 않았습니다.

영화감독 스티븐 스필버그에게 매주 전화를 걸어서 『쉰들러리스트』를 영화로 만들면 아카데미상을 받을 것이라고 적극적으로 권유했던 것입니다. 결국 그의 확신대로 영화 "쉰들러리스트"는 아카데미 7개 부문에서 수상하며 대성공을 했습니다.

제 2의 쉰들러가 있습니다.

그의 이름은 옵다이키, 폴란드계 유대인 처녀였습니다. 그녀는 18세 때인 1940년 폴란드 타르노폴 거리를 지나다가 나치 군인들의 만행을 목격했습니다.

엄마 품에 있는 아기를 빼앗아 공중으로 던진 후 총으로 쏘아 버리는 상상할 수 없는 장면을 보고 만 것입니다. 이를 계기로 그녀는 자기 목숨을 바쳐서라도 다른 사람의 희생을 막아야겠다고 다짐을 합니다.

수개월 후, 그녀는 어느 나치 장교의 숙소에서 가정부로 일하게 되었는데 그 때 학살 대상으로 분류된 열 두 명의 유대인들을 그 집 세탁장에 숨겨주며 보살폈습니다.

그러던 얼마 후 그 사실이 그 장교에게 발각되었습니다. 장교는 게쉬타포에게 전화하려고 했고, 그녀는 그의 손등에 수없이 키스하며 그들을 살려달라고 애원했습니다.

이윽고 70세인 나치 장교는 "네가 나의 정부가 되어준다면 비밀로 부쳐 주마." 제안했고 그렇게 하기로 했습니다.

이후 유대인 강제 수용소 내에서 처형 정보를 미리 알려 대피케 하고, 인근 산 속에 숨어 있는 150명의 유대인들에게 식료품과 필수품을 꾸준히 공급하는 등 유대인의 희생을 줄이려는 노력을 계속했습니다.

1944년, 옵다이키는 러시아 군대가 폴란드에 진주한다는 정보를 듣고 미리 산 속으로 도피했다가 열흘 만에 해방군을 만나 마침내 자유의 몸이 되었습니다. 그녀는 미국 오렌지카운티에 정착하여 20년 동안 초등학교 어린이들에게 자신의 경험을 들려주었고, 1999년에는 자서전 『홀로코스트의 생존자』를 펴냈습니다.

위험을 무릅쓰고 한 사람의 생명이라도 더 구하려는 이들의 희생적인 노력은 감동적입니다. 죽을 자리에서 살아난 것과 살려 준 고마운 이를 세상에 알리려는 것이 구주 예수 그리스도와 같이 느껴져 더욱 감격스럽습니다.

# 대신 나를 처형해 주시오

폴란드에 있는 아우슈비츠는 나치가 유대인을 학살한 수용소 중 가장 유명한 곳입니다. 그곳에서 모두 150만 명이 처형되었는데 그 중 90퍼센트가 유대인이었습니다.

전쟁이 끝날 무렵 독일군이 급하게 후퇴하느라 그 시설을 파괴하지 못했기 때문에 참혹했던 학살의 현장은 지금도 고스란히 남아 있습니다. 전기 철조망, 마구간을 개조한 수용소 막사, 칸막이도 없는 공동 화장실, 그리고 샤워장으로 위장된 가스실과 화장터 등이 그 날의 만행을 증거합니다.

나치가 집권한 후 전 유럽에 흩어져 사는 유대인들을 가장 효과적으로 학살하기 위한 장소로 선택된 곳이 바로 아우슈비츠였습니다. 왜냐하면 아우슈비츠는 지도를 펼치면 유럽 대륙의 가장 중앙에 자리 잡고 있기 때문입니다. 그들은 수용소 건물을 증축하고 가스실을 만들어서 유럽 각처에서 붙잡혀 실려 온 유대인들을 처형했습니다.

기찻길은 아우슈비츠 수용소 가스실 바로 앞에서 멈추어 있는데 캄캄한 밤중에 기차에서 내린 유대인들은 샤워부터 할 것이라는 말에 속아 목욕탕으로 위장한 가스실에 곧바로 들어가서 죽었습니다.

그들이 벗어놓은 옷가지들과 소지품, 기약 없이 집을 나서면서 챙겨온 값비싼 보석들은 모두 나치의 몫이었고, 그 죽은 시체들을 옮겨서 불태워 없애는 것은 '손더코만도'라고 하는 잡역부들의 몫이었습니다.

모든 포로수용소마다 사연이 있게 마련입니다만 아우슈비츠에서는 막시밀리안 콜베 신부(1984-1941년)의 이야기가 우리에게 감동을 줍니다. 그는 폴란드 사람으로 열세 살 때 성직자가 되기로 결심하고 스물한 살 때 사제가 되었습니다.

약관弱冠의 나이에 로마에서 철학박사 학위와 신학박사 학위를 받았습니다. 조국에 돌아가서는 문서 사역과 수도원 운동을 했는데 그가 세운 니에포가라노프 수도원은 세계 최대 규모의 수도원입니다. 1939년 나치가 폴란드를 침공하였고, 콜베 신부는 아우슈비츠 수용소로 보내졌습니다.

1941년의 일입니다. 수용소에서는 한 조각의 빵과 배추 수프만으로 끼니를 때우며 중노동을 했는데 청년 시절 결핵을 앓았던 병약한 몸으로는 견디기 힘든 것이었습니다. 그러나 언제나 다른 사람들을 위로하고 먹을 것을 나눠주며 궂은 일을 마다하지 않았습니다.

그러던 그해 여름, 포로 중 한 명이 수용소를 탈주하는 사건이 벌어졌습니다. 나치 수색대가 출동했고 콜베 신부가 머물던 수용소 14동은 살벌한 소란이 일어났습니다. 수용소장 프리츄 대령은 24시간 내에 탈주자가 잡히지 않으면 14동 수용자 600명 중에서 열 명을 처형하겠다고 선언했습니다.

다음 날 그들은 하루종일 뙤약볕에 줄지어 서 있어야 했습니다.

불행히도 탈주자가 잡혔다는 소식은 없었습니다. 그리고 그 날 오후 6시, 부동자세로 서 있는 그들에게 띄엄띄엄 죽음의 선고가 내려졌습니다. "너!" "너!" "너!"……. 그 때마다 군인들이 지명된 사람들을 끌고 나갔습니다.

그 중에 한사람이 몸부림치며 소리쳤습니다. 폴란드인 하사관 가조우니체크였습니다.

"살려 주세요! 내게는 아내가 있어요! 불쌍한 자식이 있어요!"

그 때 콜베 신부가 앞으로 나와서 말했습니다.

"소장님께 부탁합니다. 저 사람 대신 나를 처형해 주시오! 나는 이 세상에 아무 핏줄도 없지만 저 사람에게는 가족이 있습니다."

"……."

그들의 처형은 굶겨 죽이는 것이었습니다. 지하실에 갇혀 점차 정신 착란을 일으키는 사람, 고함을 치는 사람… 그러나 콜베 신부는 그들을 위로하며 끝까지 살아남았고 결국 나치에게 태연히 독극물 주사를 맞으며 죽었습니다.


"사람이 친구를 위하여 자기 목숨을 버리면 이에서 더 큰 사랑이 없나니…"(요한복음 15장 13절).

1982년, 로마 교황청에서 그를 성인품에 올리면서 교황이 울먹이며 되뇌인 구절입니다.

# 국적을 초월한 사랑

테레사 수녀(1910~1997년)는 많은 사람들에게 감동을 주는 사랑과 헌신의 삶을 살았습니다.

18세에 수녀가 되어 87세로 죽기까지 일평생을 변함없는 헌신과 섬김으로 하나님의 말씀을 실천했습니다. 그녀의 삶은 세계 모든 사람에게 큰 교훈이 되었고, 그녀를 따르며 사역에 동참하는 사람들 역시 국적과 종교를 초월하고 있습니다.

그녀는 1910년 유고슬라비아에서 태어났습니다. 어려서부터 가졌던 불쌍한 사람을 도와야 생각은 열망은 열여덟 살에 아일랜드에 있는 로레토 수녀원에 들어가 훈련을 받고 난 뒤부터 구체적으로 실현되기 시작했습니다.

그녀는 수녀원에서 나온 뒤 인도의 캘커타로 가서 수녀 고등학교 교사로 일하였으며, 서른여섯 살 때에 그 학교 사역을 그만두고 1948년, 캘커타의 슬럼가에 가서 '사랑의 선교회'를 설립하여 사역하였습니다.

그녀가 세운 그 유명한 요양원 'Nirmal Hriday'(정결한 마음이라는 뜻)는 오직 죽음만 바라보고 있는 가난한 병자들을 수용하는 구호소입니다. 이 구호소가 세워진 동기는 이렇습니다.

어느 날 길을 가다가 그녀는 참혹한 광경을 보았습니다. 어느 가난한 노파가 길바닥에 쓰러져 있는데 사지에 난 상처를 쥐와 개미가 달라붙어 뜯어먹는 것이었습니다. 지체없이 그 노파를 업고 병원으로 갔으나 병원에서는 그들을 거절했습니다. 그러나 그녀는 병원 문이 열릴 때까지 꼼짝 않고 문을 두드리며 기다렸습니다. 결국 그 노파는 치료를 받을 수 있었습니다.

이 일 이후에 그녀는 시 당국을 찾아가서 가난한 사람들이 사람답게 죽음을 맞을 수 있는 구호소를 설치해 줄 것을 요구했고, 결국 힌두교 신전 옆에 있는 순례자들이 묵는 빈 숙소를 얻을 수 있었습니다.

그리고는 거리로 나가서 쓰러져 있는 병자들을 데려다 그들을 돌보기 시작했습니다. 그녀를 돕기 위하여 자원봉사자들이 모여들었고, 이것은 나중에 60개 학교, 213개의 진료소, 54개의 병원, 23개의 구호 요양원 등의 사역으로 확대되었습니다.

오늘날 이렇게 많은 사람들이 참여하는 사역이 되었지만 초기에는 사람들을 찾아가서 막무가내로 도움을 청해야 했습니다. 그것이 때로는 모욕을 당하는 어려운 일이었음은 두말할 나위도 없습니다.

얻어 먹이고 얻어 입히는 일은 확신이 없다면 수치스러운 청탁일 뿐이었겠지요. 다음은 그녀의 기도입니다.


주님,
가난과 굶주림 속에서 살고 있고
또한 그 속에서 죽어가는
전 세계의 모든 사람들에게
봉사하게 하여 주소서.
우리의 손을 통해

그들에게 일용할 양식을 주시고
우리의 이해와 사랑을 통해
그들에게 평화와 기쁨을 주소서.

테레사 수녀가 미국을 방문했을 때 어떤 여자가 자기 삶이 권태롭고 의미가 없어서 죽고 싶다고 말했습니다.

이에 테레사 수녀는 "제가 살고 있는 인도에 한 번 오시면 진정한 삶을 드리겠습니다."라고 말했고, 그 여자는 정말로 인도를 찾아 빈민굴에서 죽어가는 사람들, 병들어 움직이지 못하는 가난한 사람들, 내일이 없는 사람들을 보며 삶의 의욕을 회복했습니다.

행복은 남의 불행을 통하여 증명된다고 합니다. 그러니 나누어 주고 섬길 수 있다면 그 사람은 행복한 사람입니다.

"각각 자기 일을 돌아볼 뿐더러 또한 각각 다른 사람들의 일을 돌아보아 나의 기쁨을 충만케하라"(빌립보서 2장 4절).

# 미국 이민 100주년

한국 사람이 미국에 최초로 이민 온 것은 1903년의 일입니다.

101명의 한국 사람이 배를 타고 떠나 하와이에 도착하였고, 그 중 15명은 신체검사에서 불합격되어 한국으로 되돌아가고, 나머지 86명만 남게 되었습니다.

이들은 사탕수수 농장과 파인애플 농장에서 일을 하게 되었는데 힘든 노동에 비하여 형편없이 적은 임금을 받았습니다. 그들은 장갑을 껴도 사탕수수나 파인애플의 가시에 찔려 피가 나는 육체적인 고생보다도 감독하는 사람들의 험한 대우 때문에 더 고생을 했습니다.

그들이 일했다던 하와이의 그 농장을 둘러볼 기회가 있었습니다. 지금 그곳은 사탕수수 대신 파인애플을 재배하고 있었는데 파인애플 농사라는 것이 기계로 할 수 있는 일이 하나도 없고, 모두 수작업으로 해야 하는 일이라고 합니다.

안내인은 우리 조상들이 그 가시 많은 파인애플을 어떻게 다루는가를 실감나게 설명해 주었는데, 듣는 것만으로도 소름이 돋았습니다.

이민 생활이 힘들기는 오늘날도 마찬가지입니다.

이민 1세들이 겪는 문제들은 언어 소통 문제나 인종간의 문제 등 여러 가지가 있습니다. 한국인들은 타고난 근면함과 지혜로 잘 적응하고 있지만 9 · 11테러 이후에는 체류 신분 때문에 어려움을 겪는 사람이 적지 않습니다. 갈수록 까다로워지는 여러 가지 절차에 불경기까지 겹쳐 더욱 우울하기만 합니다.

미국 이민국의 역사는 이렇습니다.

1892년, 앨리스 섬으로 들어온 이민자들을 관리하기 위해 미국 정부는 뉴욕 항에 '이민 사무소'를 열었는데 그 때 직원은 모두 180명이었습니다.

1895년, 의회는 '이민 사무소'를 '이민 사무국'으로 승격했고, 1900년, 밀려드는 중국인 이민을 금지하면서 이민국 업무에 단속 업무를 첨가했습니다.

1906년, 외국인의 시민권 취득 제도를 만들면서 '이민 귀화국' (INS, Immigration and Naturalization Service)으로 개명하였고, 1921년부터는 '이민 쿼터' (quota)가 처음 시행되었습니다.

1924년에는 밀입국과 불법 이민 단속을 위한 '국경 단속반'을 신설했고, 1965년부터는 국가별 쿼터제에서 가족재결합을 위한 현재의 영주권 제도를 실시하기 시작했습니다.

1986년부터는 불법체류자 고용을 불법으로 규정하고 단속을 시작했는데 2002년 '국토 안보부' (A Bureau of the U. S. Department of the Homeland Security)에 흡수되기 전까지 약 3만 명의 직원이 일했습니다.

어쨌든 9·11 테러 이후에는 모든 것이 살벌하게 바뀌어서 이민 담당직원 외에 경찰과 노동부 직원과 심지어는 공립학교에서도 신분 문제를 따지고 드는 각박한 실정이 되어버렸습니다.

1세 이민자들이 겪는 어려움은 오늘이나 예전이나 마찬가지입니다. 소수계 민족이라서 차별을 받는 것은 흑인이나 남미 사람들이나 아시안이나 심지어는 영어를 쓰지 않는 유럽에서 온 사람들도 마찬가지였습니다.

그 중에 유태인의 경우에는 1차 대전 이후에 직장을 구하기 위해 이름을 영국식으로 바꾸기도 했습니다. 그야말로 생존하기 위하여 '성을 가는' 일까지 해야 했습니다.

한국 사람이 미국에 본격적으로 이민 온 것은 1970년대부터입니다. 타고난 근면과 질긴 생명력으로 번영하다가 1992년 LA 4.29 흑인 폭동으로 그 동안 쌓아온 수고가 일시에 물거품이 되는 아픔을 겪기도 했지만 민족의 역사 속에서 증명된 저력은 '아메리칸 드림'을 멈추게 하지 않을 것입니다.

# 그럼, 제 방으로 오세요

이 땅을 구원하실 예수 그리스도의 탄생을 축하하는 크리스마스는 성도들에게는 너무도 중요한 절기입니다. 그리고 신앙이 없는 사람에게도 크리스마스는 여러 가지 이유로 즐거운 날입니다.

사업하는 사람은 매상이 올라 즐겁고, 휴가 가려는 사람은 연휴라서 즐겁고, 아이들은 선물을 받을 수 있어서 즐겁습니다.

크리스마스는 중세의 Christes Masse에서 유래되었습니다.

프랑스에서는 Noel, 독일 스위스에서는 Weinhnacht<sup>(거룩한 밤)</sup>, 이탈리아에서는 Buon Natale<sup>(좋은 탄생)</sup>등으로 불립니다만 모두 아기 예수의 탄생을 축하하는 예배에서 비롯된 것이지요.

크리스마스 하면 떠오르는 가장 대표적인 노래는 "고요한 밤 거룩한 밤"입니다.

아기 예수께서 나신 마굿간 위로 별들이 반짝이는 고요한 밤의 정경이 얼마나 아련한지요. 그 고요한 밤에 하나님께서 이 세상을 구원하실 구세주를 보내셨습니다.

1818년 오스트리아 알프스 산기슭에 있는 시골 교회에 조셉 모올(J. Mohr)이라는 젊은 신부가 있었습니다.

그가 부임한지 3년째 되던 어느 겨울 밤, 교회의 오르간이 고장났습니다. 이제 며칠 남지 않은 크리스마스 예배 때 오르간을 사용할 수 없게 될지도 모른다고 생각하니 걱정이 되었습니다.

그는 조용히 묵상했습니다. 예수님이 탄생하시던 첫 번째 크리스마스 그 밤을 생각하면서 말입니다. 그 때 갑자기 영감이 떠올라 급히 시를 지었는데 그 교회 오르간 반주자인 구뤼버(F. X. Gruber)가 곡을 붙여서 그 유명한 노래 "고요한 밤 거룩한 밤"이 탄생하게 되었던 것입니다.

결과적으로 보면 오르간이 망가져서 '특별한 고요함'을 경험했고, 그 경험이 이 유명한 노래의 탄생 동기가 되었으니 망가지는 것도 하나님의 은혜입니다.


캐나다 몬트리올의 Christian Elementary School에서 있었던 이야기입니다.

4학년 학생 랄프는 선천적으로 말을 더듬고 생각도 민첩하지 못한 일종의 정서장애 아동이었습니다. 크리스마스 연극을 준비하는데 랄프도 연극에 참여하기를 원했습니다. 선생님은 마땅한 배역이 없어 고민하다가 결국 베들레헴 여관집 주인역을 맡겼습니다. 대사는 "방 없어요!" 라는 말을 세 번 반복하면 되는 것이었습니다.

드디어 연극이 시작되었습니다.

요셉이 만삭인 마리아를 데리고 와서 "혹시 빈방 있나요?"하고 물었습니다. 주인은 "방 없어요!"하고 대답했습니다.

"그럼 큰일 났네요, 제 아내가 곧 아기를 낳을 것 같아요. 어떻게 우리에게 방을 줄 수 없나요?"

역시 주인은 "방 없어요!"라고 대답했습니다.

"이렇게 사정하겠습니다. 이 추운 날에 어디로 가란 말입니까?

제발 부탁드립니다. 방 좀 주세요!”

이 때 랄프는 눈물을 글썽이며 말했습니다.

“정 그러시면 제 방으로 오세요!”

연극은 완전히 망쳤지만 장내는 숙연한 감동으로 가득 차 있었습니다

망가진 오르간, 망쳐진 연극이 감동을 줍니다.

# 하나의 밀알

우리 나라에 선교사로 파송되어 최초로 순교한 사람은 영국인 토마스(Robert Jermain Thomas, 1840~1866년)입니다.

그는 목사의 아들로 태어나 영국 런던에서 교육을 받았습니다. 대학 졸업 후 신학을 공부할 때 휴학과 복학을 반복하며 6년 만에 졸업장을 받았는데 이것은 그가 젊은 날에 잠시 방황했던 흔적으로 보입니다. 하지만 곧 신앙의 회복과 선교의 열정으로 헌신을 다짐하며 선교사가 되었고 그것은 1863년 그의 나이 스물 세 살 때의 일입니다.

그는 처음에 중국에서 사역하기 위해 상해(Shanghai)로 떠났습니다. 그 때 그의 각오는 이렇습니다.

"선교지에서는 훌륭한 교육을 받고 강력한 체질과 품격을 갖추었으며, 숙련된 외국어 능력을 구비한 인물을 필요로한다고 확신했기 때문에 나는 무엇보다도 자기 부정의 정신을 가지고 이 선교의 길에 오르기로 한 것입니다……."

그가 중국 상해에 도착한 후 본국 선교 본부에 보낸 첫 보고는 아내의 사망 소식이었습니다.

그는 상해에 도착하여 영국 선교부 사역지인 한구(漢口)를 둘러보려고 떠났는데 그 때 아내 캐롤라인은 몸이 안 좋아 동행하지 못했습니다. 그가 떠난지 13일 만에 그의 아내는 낯선 땅에서 쓸쓸하게 죽었습니다. 안타깝게도 그것은 그들이 결혼한지 불과 1년이 채 되지 않은 때였습니다.

"영국을 떠날 때에는 여기서 처음 쓰는 편지가 이런 것이 될 줄은 몰랐습니다 … 내 사랑하는 아내 캐롤라인이 지난달(3월) 24일에 세상을 떠났습니다. 더 이상 글을 써 내려가지 못하겠습니다……."

그 후 몇 달 동안 아내를 잃은 슬픔과 외로움으로 고생하다가 새로운 사역으로 변화를 꾀했는데, 그것은 중국(청나라) 해상 세관의 통역 일을 하는 것이었습니다. 그것은 나름대로 선교적 확신을 가지고 추진한 일이었지만 그것을 이해하지 못한 선교 본부의 반응은 불신과 경멸이었습니다.

그럴 수도 있겠지요. 선교사로 파송된 사람이 현지에서 세관 직원으로 통역 일이나 하고 있다면 오해할만한 소지가 있는 것 아닙니까? 그러나 하나님은 그 자리를 통해서 많은 사람을 만나게 하셨습니다.

그가 북경에 있을 때 조선에서 온 동지사(冬至使, 조선에서 중국에 해마다 겨울에 보내는 사신) 일행을 만났는데, 그들과 두 달 반을 같이 지내면서 조선의 천주교인들이 핍박을 당하는 사정도 알게 되었고, 상당한 한국말도 배우게 되었습니다.

결국 그는 조선으로 가는 미국의 상선 제너럴 셔먼호(General Sherman)를 타고 조선으로 떠났습니다.

"나는 꽤 많은 분량의 책들과 (한문) 성경을 가지고 떠납니다. 조선 사람들한테 환영받을 생각을 하니 얼굴이 달아올라 희망에 부품니다……."

토마스 선교사가 탄 배는 황해도를 거쳐 평안도 지방에 도착하여 순조롭게 성경을 나누어 줄 때까지는 순조롭게 항해했습니다. 그런데 대동강을 거슬러 올라오다가 평양에 도착하였을 때 평양 감사인 박규수가 군인들을 이끌고 와서 그 배를 공격하기 시작했습니다.

마침 썰물로 인하여 배는 모래 바닥에 박혀 움직이지 못했고, 조선 군인들은 상류에서 뗏목에 불을 붙여 떠내려보내는 화공火攻으로 배를 불태워버렸고, 선원들은 모두 죽임을 당했습니다. 토마스 선교사도 그 때 백사장으로 끌려나와 참수되었는데 1866년 9월 2일, 그의 나이 27세 때입니다.

젊은이 토마스는 무엇을 위하여 풍요한 자기 조국 영국에서의 편안한 삶을 포기하고 존재도 몰랐던 조선 땅에 들어와 순교를 당했는지 생각할수록 마음이 저립니다.

"한 알의 말이 땅에 떨어져 죽지 아니하면 한 알 그대로 있고 죽으면 많은 열매를 맺느니라"(요한복음 12장 24절).

# 이제 나의 제자입니다

리스트(Franzt. List, 1811~1886년)는 헝가리 출신으로 19세기 유럽에서 가장 기교가 뛰어난 피아니스트입니다.

그는 유명한 피아니스트였을 뿐만 아니라 지휘자, 작곡가, 평론가 등으로 활동하며 천재적인 음악 재능을 발휘했습니다. 그의 아버지는 헝가리 귀족(게스테르하지 후작)의 관리인으로 취미로 피아노와 첼로를 즐기는 사람이었고, 리스트는 그런 아버지의 영향으로 음악에 눈을 뜨게 되었습니다.

9세 때 그는 공개 연주회를 가졌는데 이 때 그의 재능을 본 귀족들이 모차르트와 같은 신동이 나타났다고 놀라면서 그의 음악 공부를 후원하게 됐습니다. 즉 6년간 오스트리아 빈에 유학을 보내주었던 것입니다.

본격적으로 음악 공부를 하면서 체르니에게서 피아노를 배웠습니다. 체르니는 우리가 잘 아는 피아노 연습 교본을 만든 사람으로 유명합니다. 작곡은 살리에리에게 배웠는데, 살리에리는 영화 "아마데우스"에서 나온 것 같이 형편없는 음악가는 아니었던 것 같습니다. 아마도 모차르트 때문에 상대적으로 작게 보였던 것 같습니다.

화성和聲은 프랑스에서 파에르와 라이하에게 배웠고, 그가 교제했던 친구들은 쇼팽, 베를리오즈, 파가니니 등의 친구를 두었다고 합니다. 하여튼 리스트의 경우는 음악가로서 엘리트 코스를 거쳐 거장이 된 전형적인 사례입니다. 그에게 얽힌 일화 중에 이런 이야기가 있습니다.

독일의 어느 작은 마을에 한 피아니스트가 살았습니다. 그는 피아노 독주회를 준비하면서 지방신문에 광고를 냈는데, 약력에 리스트의 제자라고 썼습니다. 물론 거짓이었습니다. 그는 리스트를 만나본 적도 없었습니다.

그런데 공교롭게도 연주회가 있기 며칠 전 리스트가 이 마을에 오게 되었습니다. 큰일이었습니다. 거짓이 탄로 나면 음악가로서 성공하려는 꿈은 날아가 버릴 참이었습니다.

전전긍긍하며 후회를 하다가 드디어 결심합니다.

그는 리스트를 찾아가서 모든 사실을 다 말한 후 그 앞에 무릎을 꿇고 용서를 빕니다.

"제가 선생님의 이름을 도용했습니다. 제가 아직 부족함이 많은 피아니스트인 주제에 감히 당신의 제자라고 하였습니다. 저를 용서해 주십시오."

다 듣고 난 후 리스트는 조용히 말합니다.

"당신은 크게 잘못했습니다. 그러나 누구나 실수는 할 수 있습니다. 당신이 얼마나 부끄러워하고 괴로워했는지 알 수 있을 것 같습니다. 그건 그렇고, 어디 내 앞에서 한번 연주를 해 보시오."

그러자 그는 떨리는 마음으로 리스트 앞에서 피아노를 칩니다. 평소보다 더 안되는 것 같았지만 리스트는 개의치 않는다는 듯 듣고 있다가 연주를 중간중간에 멈추게 하고 고쳐줍니다.

연주를 마치자 리스트가 그에게 말합니다.

"단 한 번일지라도 내가 당신을 가르쳤으니 이제 당신은 분명히 내 제자입니다. 그리고 연주회에서 당신 연주가 끝나면 제가 한 곡 연주를 하겠습니다. 관객들에게 그렇게 소개하세요."

그는 리스트의 진정한 제자로서 연주회를 가졌고, 그것은 엄청난 기쁨과 영광의 연주회가 되었습니다.

제가 담임하고 있는 교회의 이름을 바꾸려고 합니다.

'한가족 교회'. 영문 표기로는 One In Christ Church, 줄여서는 O. I. C입니다. 그리스도 안에서 화목한 한가족이 되는 것을 바라는 마음과, 은혜와 진리가 넘치는 기쁨의 공동체가 되기를 바라는 마음이 담겨져 있습니다.

예수 그리스도의 제자들로 하나되어 은혜와 진리, 감사와 기쁨이 넘치는 공동체 O. I. C ! 사람들이 우리를 보고 Oh I See! 하며 아름다운 이미지를 떠올리기를 소망해 봅니다.

# 파경중원

6세기 말 중국에서 있었던 이야기 입니다.

중국 진陳나라에 서덕언이라는 귀족이 살고 있었습니다. 그는 나라의 형편이 기울어 북쪽의 강대국 수隋나라에 의해 자기 나라가 곧 망할 것이라는 것을 알고 있었습니다. 다급한 순간, 그는 아내 항아姮娥에게 말했습니다.

"이제 나라가 곧 망하게 되었소, 당신은 젊고 얼굴이 예쁘니 죽임을 당하지 않고 적군의 수중에 끌려가도 귀한 집에 들어가게 될 것이오. 그렇게 되면 우리는 다시 서로 만날 수 없을 거요. 그러니 이걸 가지고 가시오. 이걸 가지고 있다가 정월 보름날 장안長安(당시 수도)에서 열리는 장날에 이것을 파시오. 내가 그때까지 살아 있다면 반드시 그리로 가리이다."

그가 내민 것은 두 쪽으로 깨뜨린 둥근 거울이었습니다. 그들은 슬픈 이별의 순간에 거울을 깨뜨려 하나씩 나눠 가지며 헤어졌습니다. 예상한대로 나라는 망했고, 서덕언은 난리를 피해 멀리 숨어버렸습니다. 그리고 그의 아내 항아는 수나라 장수 양소라는 사람의 집으로 끌려갔습니다.

전쟁이 끝난 후 서덕언은 아내를 만나기 위하여 장안으로 갔습니다. 숱한 고생 끝에 마침내 장안에 도착하여 약속한 날인 정월 보름날에 시장에 갔습니다.

소란스러운 시장 한복판에는 어느 노파가 깨진 거울을 판다고 소리치고 있었습니다.

"자, 거울 사시오! 거울. 이 거울이 단돈 열 냥이오……."

깨진 반쪽 거울을 누가 사겠습니까? 거저 준대도 가져갈 사람이 없을 텐데요.

그런데 어떤 사람이 다가와서 그 거울을 사겠다고 말합니다. 그리고는 그 노파를 조용한 곳으로 데리고 갔습니다. 그는 그 깨진 거울에 자기 품에서 고이 간직한 반쪽짜리 거울을 꺼내어 맞추어 보았습니다. 놀랍게도 두 거울은 깨진 자리가 꼭 맞았습니다.

"아, 아내가 살아 있구나!"

그는 그 거울을 붙들고 웁니다. 그리고는 아내의 반쪽 거울에 시를 적어서 보냅니다.


鏡與人俱去　거울이 사람과 함께 가더니
鏡歸人不歸　거울만 돌아오고 사람은 돌아오지 않네
無復姮娥影　항아의 모습은 다시 볼 수 없고
空留明月輝　밝은 달빛만 하늘에 쓸쓸하구나


그 시를 본 항아 역시 남편이 살아있음에 감사하면서도 다시 만날 수 없는 처지를 생각하며 웁니다. 항아가 침식을 잊고 슬퍼하는 것을 보고 집주인 양소는 자초지종을 알게 되었고, 이에 감동된 주인은 남편 서덕언을 찾아서 그의 아내와 함께 고향에 돌아가게 해 주었습니다. 태평광기太平廣記에 나오는 「파경중원」破鏡重圓이라는 이야기입니다.

파경은 거울을 둘로 나눈다는 것이고, 중원은 본래 모양으로 둥글게 다시 붙인다는 말입니다. 오늘날에는 파경을 이혼과 같이 관계가 깨지는 것을 표현할 때 씁니다. 그러나 파경만 있고 중원이 없다면 비극입니다.

앞의 이야기에서는 중원을 염두에 두고 부득이 파경을 할 수밖에 없었지만, 오늘날은 파경을 너무 쉽게 하는 세태가 안타깝습니다. 게다가 중원은 아예 기대하지도 않고요.

그가 거울 주인을 본 듯 거울 뒷면에 애절한 시를 담아 보내는 사랑과 그 시를 읽고 침식을 잊은 채 슬퍼하는 애절함이 감동스럽지 않습니까? 파경도 아니고, 중원도 필요 없다면 그는 분명 행복한 사람입니다.

# 금문교의 죽음

　　샌프란시스코를 상징하는 명물중 하나는 금문교(Golden Gate Bridge)입니다. 길이가 8,981피트(2,737m), 수면 위에서부터 높이 746 피트(227m), 엄청난 크기와 규모가 보는 사람을 압도합니다.

　　이 다리는 Joseph B. Strauss(1870-1938년)가 설계하고 시공하여 1933년부터 1937년까지, 4년에 걸쳐서 건설되었습니다. 지금은 이 다리보다 더 긴 다리가 전 세계에 여섯 개나 있지만 당시로서는 교량의 모든 기록을 갈아치운 것이었고, 그 기록은 30-40년 후에나 깨지기 시작했습니다.

　　이 다리는 양쪽에 교각을 세우고 그 사이를 두꺼운 쇠줄로 연결하고 그 줄에 상판을 달아매서 사람과 차량을 다니게 하는 현수교懸垂橋(Suspension Bridge)방식입니다. 교각을 두 개 밖에 세울 수가 없는 데다가 그 거리가 멀기 때문에 교각을 높이 세워야 늘어지는 줄을 감당할 수 있고, 그 줄은 자체 무게까지 감안한다면 강하고 굵을 수밖에 없었습니다.

　　그래서 교각의 높이는 물위로부터 746피트(227m), 그 다리를 연결하는 철선의 직경은 36⅜인치, 보통 사람의 몸통보다도 굵습니다. 그리고 그 철선은 한 가닥으로 만들어진 것이 아니라 0.191인치짜리의 가는 철선을 1만 7,572가닥을 꼬아서 만들었는데 그 모든 철선의 길이를 합쳐놓으면 총 길이가 8만 마일(12만 8,000km)로 지구를 몇 바퀴 돌리고도 남는 길이입니다.

어쨌든 그 쇠줄<sup>(main cable)</sup>은 풍속 100마일의 바람을 견디고, 진도 8.3의 지진에도 견딜 수 있으며 총 무게는 2만 4,500톤이나 된다고 합니다.

이 다리 공사는 주로 중국인 노무자들이 했는데 4년 공사기간 중 40여 명이 다리에서 떨어져 죽었다고 합니다. 상판에서부터 수면까지의 높이만 해도 220피트<sup>(67m)</sup>인 데다가, 그 바다는 상어들이 득실대는 곳이라고 하니 한번 떨어지면 구조되기가 거의 불가능했을 겁니다.

금문교의 모습은 아름답습니다. 석양의 지는 해를 배경으로 하든, 짙은 안개와 푸른 바다를 배경으로 하든 Orange Vermilion색의 다리는 아름답습니다.

전 세계 사람들은 이처럼 아름다운 다리를 보기 위해 찾아와 감탄하며 사진을 찍습니다. 차로 다리를 지나는 동안 차 안에서 잠자는 사람은 아무도 없습니다. 모두들 그 굵은 쇠줄과 차창 밖의 풍경을 감상하는 데 여념이 없습니다.

그런데 그 다리 중간에 왔을 때쯤, 다리 난간에 시선이 머뭅니다. 개통 이래로 약 1,200여 명이 밑으로 뛰어내려 자살을 했다는 곳이기 때문입니다.


더 무서운 죽음은 금문교에서 멀지 않은 곳에 빤히 보이는 알카트라즈 섬에 있습니다. 이 섬은 캘리포니아 만에 있는 22에이커의 돌섬으로 골드러시 때에는 군대의 요새로 사용되다가 나중에는 연방 교도소로 사용되었습니다.

260여 명의 죄수들은 감옥에 갇혀 있다는 것보다도 금문교의 기막힌 경치와 현란한 샌프란시스코의 야경을 바라보아야 하는 것이 더 고통스러운 일이었을 것입니다.

연방 교도소로 쓰던 20여 년 동안 14차례의 탈옥이 있었는데 탈옥을 시도한 36명 중에서 23명은 다시 붙잡혔고, 6명은 사살, 2명은 익사했고, 확인이 안 되는 나머지 5명은 실종되었거나 익사한 것으로 추정합니다.

단 한 명도 탈출에 성공하지 못했다는 사실과 필사적으로 살겠다고 탈옥하는 장면이 오버랩 되면 비장한 마음이 듭니다. 비록 죄를 지어서 벌을 받고 있는 중이라지만 창살 너머 보이는 자유와 삶의 애착을 놓지 못하는 처절함 때문입니다.

기막히게 아름다운 곳에서 자살하겠다는 사람과 죽음과 절망의 섬에서 살아나겠다는 사람…….

관광 중에도 깨우침을 얻을 수 있으니 감사한 일입니다.

# 하나님의 종아, 잘 하였도다

헤리엇 터브먼(Harriet Tubman, 1820-1913년, 본명은 아라만타 로스)은 미국
메릴랜드 주의 어느 농장에서 흑인 노예의 딸로 태어났습니다.

그는 어릴 때 주인의 간난 아기를 돌보는 노예였는데 어린아이
가 울지 않도록 밤새도록 깨어 있어야 했습니다. 만일 아이가 울어
주인마님을 깨우면 채찍으로 맞았습니다.

그녀가 12세가 되던 해에 어떤 남자 노예가 주인의 허락을 받
지 않고 가게에 다녀왔다고 노예감독관은 그를 묶어 채찍질하려고
했습니다. 옆에 있는 그녀에게 묶는 것을 거들라고 했으나 거절했
고, 그 사이에 남자 노예는 도망쳤습니다. 이에 화가 난 감독관은
무거운 쇳조각을 도망치는 쪽을 향하여 던졌으나 공교롭게도 그녀
가 대신 맞았습니다.

이마에 정통으로 쇳덩이를 맞은 그녀는 며칠 동안 의식을 잃고
사경을 헤매다가 간신히 목숨은 구했으나 그로 인하여 얼굴에 큰
흉터가 생겼고, 평생 심장발작증으로 고생해야 했습니다.

1844년, 24세 때 존 터브먼과 결혼했고, 그 때 First Name도 해
리엇으로 바꾸었습니다. 1849년, 29세 때는 주인이 그녀를 다른 농
장에 팔 조짐이 보이자 도망칠 결심을 합니다. 그러나 남편은 동행
하기를 거절하였고 그래서 두 남동생과 함께 마침내 북쪽으로 탈
출했습니다.

그들은 주로 야밤에만 북극성을 따라 걷고 또 걸었는데 그것이

얼마나 위험하고 고생스러운 일인지 남편은 처음부터 따라나서지 않았고, 두 남동생도 며칠 만에 되돌아갔다는 것에서 짐작할 수 있습니다.

그녀는 천신만고 끝에 필라델피아에 도착했고, 가정부로 취직하여 조금씩 돈을 모을 수도 있었습니다. 그녀는 그 돈으로 남부 노예들의 탈주를 돕기 시작했는데 이것은 노예제도를 인정하는 남부의 주법을 정면으로 위반하는 것으로 대단히 위험한 일이었습니다.

이 일이 계속되면서 많은 현상금이 걸렸는데 당시에 도망친 노예 한 사람당 200달러였을 때 그녀에게는 4만 달러가 걸려 있었습니다.

그녀는 노예들을 이끌고 도망치다가 그들이 두려움 가운데 되돌아가려 하면 권총을 빼들고 "자유인으로 살래? 아니면 노예로 죽을래?" 하고 위협하며 인솔했습니다. 만일 탈출한 노예가 되돌아가면 그녀뿐만 아니라 다른 탈출자들도 다 죽는다는 것을 알기 때문에 선택의 여지는 없었습니다만 한 명도 돌려보내지 않았고, 한 명도 잃지 않았습니다.

흑인 노예들은 "가라 모세"(Go Down Moses)라는 흑인 영가를 함께 부르며 모세와 같은 구세주가 나타나기를 꿈꾸었습니다. 그녀는 바로 모세와 같이 그들을 구했고, 모두 19차례의 작전으로 300명에게 자유를 찾아 주었습니다.

남북전쟁이 일어나자 그녀는 북군의 스파이로 남군 지역인 플로리다와 캐롤라이나에서 활약했습니다.

그녀가 수집한 정보와 탁월한 안내에 때라 북군은 매번 수월하게 작전에 성공할 수 있었는데 그것은 죽음을 두려워하지 않는 그녀의 용기와 헌신 때문이었을 것입니다.

남북전쟁이 끝난 후 그녀는 뉴욕에서 해방된 노예들의 정착을 돕는 일을 했습니다.

그녀의 집(The Harriet Tubman Home)은 현재도 뉴욕 Auburn에서 보존되고 있습니다.

그녀가 죽은 후 성대한 장례식과 서훈敍勳이 있었고, 공휴일 지정과 유표 발향 등의 영예가 있었으나 가장 마음에 와 닿는 것은 그녀의 묘비명입니다. 거기에는 다음과 같이 적혀 있습니다.

Servant of God, Well done! 하나님의 종아, 잘 하였도다!

# 눈먼 새의 노래

미국에 사는 한국사람 중에 미국 정부에서 가장 높은 지위인 차관보에 오른 사람, 아들이 둘이 있는데 큰아들을 의사로, 둘째 아들을 하버드 출신의 변호사이면서 미 의회 정책 담당관으로 키운 사람은 누구일까요? 다소 통속적인 질문인가요?

높은 자리에 올라 유명해지는 이른바 입신양명立身揚名이 성공의 전부는 아니겠지만 이민 사회에서 자녀들이 명문대학을 졸업하고 의사나 변호사 같은 직업을 갖게 되면 매스컴을 통해 여러 사람의 부러운 시선을 받을 뿐만 아니라 그 1세 부모들의 고생에 위로를 주는 것은 사실입니다.

글머리에 던진 질문의 주인공은 강영우 박사입니다. 시각장애인임에도 불구하고 그같이 성공했으니 보통 사람들에게는 부러움보다는 놀라움의 대상입니다. 아직 살아있는 사람의 이야기라서 조심스럽습니다만 이미 이룬 그간의 일들만으로도 감동이 되기에 오늘은 그의 삶을 소개하려고 합니다.


강영우 박사는 중학교 시절에 축구를 하다가 눈에 공을 맞고 시각을 잃은 중도실명자입니다. 넉넉하지 않은 살림에 시각 장애를 얻었으니 꿈 많은 중학생으로서는 감당하기 어려운 절망이었을 것입니다.

시각장애를 갖고 태어난 것이 아니라 도중에 그리 되었다니 그 고통과 좌절은 상상 이상이었겠지요. 그러나 그는 그 어려움을 극복하고 맹인학교를 거쳐 연세대학교와 미국 피츠버그 대학을 졸업하였습니다.

그는 교육학 분야에서 박사학위를 얻었고, 일리노이 대학에서 교수로 일하다가 현재는 '대통령 직속 국가 장애 위원회'(National Council On Disability)에서 정책 차관보로 있습니다. 이는 미국 안에 있는 5,400만 명의 장애인을 위한 복지정책을 입안해서 대통령에게 보고하는 자리인데 한인으로서는 최고의 자리이고, 아시안으로서도 최초입니다.

강영우 박사의 인생에는 그의 저서 빼놓을 수 없는 사람이 있습니다. 바로 그의 아내 석은옥(본명, 석경숙)입니다.

그녀가 처음 그를 만난 것은 대학교 1학년 때 걸스카우트 활동을 하면서입니다. 그 때 강영우 박사는 맹인학교 중학생이었고, 나이는 두 살 아래, 당연히 그녀는 누나였고, 선생님이었습니다. 그들은 남매처럼 지내다가 6년 뒤 결혼했습니다.

영문과를 졸업하고, 미국에 유학 가서 시각장애 분야 교사 자격증을 딴 '괜찮은 여자'가 아직도 대학교 1학년 학생인, 그리고 졸업 후에도 '신통한 일이 없을 것 같은' 시각 장애인과 결혼한다는 것은 보통일이 아니었습니다.

만만치 않은 반대와 편견을 넘어야 했습니다만 그들은 결국 결혼했습니다. 얼마 후 미국으로 유학을 떠나 오늘에 이르렀는데 낯선 땅에서 학업을 하고, 두 아이를 양육하기가 얼마나 어려웠을는지는 쉽게 짐작할 수 있습니다.

강영우 박사 가정의 성공은 석은옥 여사의 헌신적인 사랑과 섬김에서 비롯되었다고 할 수 있습니다.

시각 장애인 남편을 위하여 한평생을 산 그녀는 최근 『나는 그대의 지팡이, 그대는 나의 등대』라는 책을 썼습니다. 아내의 글이니 아내의 입장을 쓴 것이겠지요. 그녀는 말합니다. 그녀가 남편의 눈이 되어 앞잡이가 된 것은 사실이지만 그녀의 인생 항로에 방향과 비전을 제시한 것은 남편이었다고 말입니다. 놀랍지 않습니까? 남편만큼 돋보이고요.

그들의 이야기를 꾸민 MBC TV의 특집극 "눈먼 새의 노래"에서 배우 안재욱 김혜수의 연기만큼이나 아름다운 그들의 사랑과 헌신의 드라마는 감동적입니다.

그 헌신은 좌절하지 않은 소망 위에 세워진 것이었기에 마침내 열매를 맺을 수 있었습니다.

Dum Spiro Spero. 생명이 있는 한 희망은 있다!

# 채석장에 심은 꽃

캐나다 서부 해안의 최대 도시는 밴쿠버입니다.

밴쿠버는 1792년 영국인 선장 조지 밴쿠버(Captain George Vancouver, 1757-1798년)가 이곳을 발견하고 처음 발을 디뎠다고 해서 그의 이름이 도시 이름이 되었습니다.

사람들은 이곳을 세계 4대 미항이라고 부르는데 맑은 바다와 푸른 숲이 잘 어우러진 깨끗한 영국풍의 도시를 직접 보면 과연 그럴만하다고 수긍하게 됩니다.

밴쿠버 관광에서 빼놓을 수 없는 곳은 밴쿠버 항 앞에 있는 밴쿠버 아일랜드입니다. 섬이라 해서 좁을 것으로 생각되지만 타원 모양으로 길게 늘어선 섬의 최대 길이는 250마일이 넘습니다.

또 하나 의외인 것은 이 섬에 브리티시컬럼비아 주의 수도인 빅토리아 시가 있다는 것입니다. 큰 섬에 주도州都가 있고, 볼만한 관광거리가 있어서인지 그 섬에 가는 뱃길은 불편함이 없습니다. 1시간 35분 걸리는 거리를 오가는 배는 차량 470대와 승객 2,000여 명을 싣고 갈 수 있는 엄청 큰 배입니다.

섬에서 가장 큰 도시 빅토리아 시에는 주청사뿐만 아니라 수상 비행기가 뜨고 내리는 항구와 박물관, 수족관 등이 있습니다. 시가의 중심이랄 수 있는 이 거리에 수 세기 전에 사용하던 마차와 그보다는 나중에 나온 구닥다리 2층 버스가 관광객을 태우고 지나는 풍경이 여간 신기하지 않습니다.

무엇보다도 밴쿠버 섬에서 가장 인상 깊은 곳은 부차트 가든 (The Butchart Gardens)입니다.

부차트 가든은 개인이 만든 넓은 정원으로 100년의 역사를 가지고 있고, 한 해에 100만 명이 넘게 찾아온다고 합니다. 총 면적은 55에이커, 6만 평이 훨씬 넘는 넓이입니다. 이곳에 심긴 화초 종류는 700여 종, 100만 송이가 넘는 꽃들로 장식되어 있습니다. 입장료를 내고 들어갈 때 주는 안내 책자에는 만개한 꽃들의 사진이 화려함을 뽐내고 있습니다.

책자 밑에 피는 기간, 다 자란 길이, 성장 조건 등이 설명되어 있는데 어쩌면 그렇게 꽃 하나하나마다 독특한 아름다움을 가지고 있는지 놀랍기만 합니다.

꽃이 위로만 피는 것이 아니라 그렁그렁하게 열릴 수도 있구나 하는 것과, 낱개로만 예쁜 것이 아니라 떼거리로 모양을 이룰 수 있구나 하는 것도 알 수 있습니다.

어떤 꽃은 색상이 어찌나 강렬한지 엉뚱하게도 저런 물감 어디서 파는가 하는 생각도 들었고, 연한 색 꽃잎이 중앙에서부터 가장자리로 점점 진해지다가 마지막에 테두리를 원색으로 장식하는 담채淡彩 기술은 어떻게 배웠는지, 그리고 그것이 이웃 꽃송이들과 어떻게 그렇게 농도가 같을 수 있는지 참으로 신기하기만 했습니다.

더욱 큰 감동은 감동은 이것이었습니다.

현재의 이 정원 자리는 시멘트 제조를 위한 석회암 채석장이었습니다. 이 정원의 주인인 부차트(Robert Pim Butchart, 1856~1943년)는 시멘트 제조 사업을 하는 사람으로서 1904년 이곳에 정착하게 되었습니다.

그의 부인 제니 부차트는 채굴이 끝나고 황폐하게 변해버린 그 곳을 안타깝게 여겨서 꽃을 심어 정원을 만들기 시작했고, 그것을 아들과 손자가 이어받아 오늘에 이르게 된 것입니다.

아름다운 꽃동산에 서서 몰골사납게 파헤쳐진 예전 채석장의 모습을 떠올리기는 쉽지 않습니다. 그러나 자세히 보면 채석을 하다가 중단해 계곡이 되어버린 지형과, 중장비로도 옮길 수 없어서 그냥 둔 것 같은 답답한 암벽은 그대로입니다.

파헤쳐져 흉물이 된 폐광에 3대째 꽃을 심는 부차트 일가의 땀에서 아름다운 사랑의 마음을 봅니다.

더 많이 갖겠다고 하면서 각박하다 못해 아귀다툼까지 벌이는 황폐해진 사람의 마음에는 무엇을 심어야 할까요?

죄성을 가진 인간의 마음에도 주님의 사랑을 심을 수 있다면 거기가 천국일 것입니다.

제3부 교훈을 주는 이야기

"멀리 보는 지혜"

# 실패 다음 장면

사람들은 새해를 맞으면 새로운 결심을 가지고 한해를 시작하려고 합니다.

통계적으로 보면 체중 조절이나 술·담배 끊기 등 건강에 대한 결심이 가장 수위를 차지합니다. '살과의 전쟁'이라는 다소 살벌한 표현을 사용해가면서 목표를 세우지만 그 전쟁에 이기는 사람보다는 흐지부지하게 휴전 내지는 종전하는 사람이 더 많습니다. 연초에 각 헬스클럽들이 사람들로 북적대다가 얼마 못 가서 한산해지는 것이 그 증거입니다.

작은 일이든 큰일이든 목표를 포기한다는 것은 실패를 뜻합니다. 하지만 중요한 것은 그때 어떤 태도를 갖느냐 하는 것이 패자부활전의 관건이 됩니다.

심리학자 마틴 셀리그만(Martin E. Seligman)은 '긍정 심리학'의 창시자로 불립니다. 그는 인간이 좌절 상황에 처했을 때 어떤 반응을 보이는가에 대해 연구했습니다. 예를 들면, 실패 후 무기력이나 절망감을 느끼는지 아니면 실망을 느끼더라도 곧 회복해서 새로운 희망을 갖는지 하는 것입니다.

그는 이런 낙관성과 비관성을 측정할 수 있는 특별한 검사 도구를 만들었고, 그것으로 실험을 하여 그의 이론을 증명했습니다. 1988년 서울 올림픽 때 미국의 수영 금메달리스트인 매트 비욘디

(Matt Biondi)는 올림픽 개막 전부터 7관왕이 될 것이라며 주목을 받았습니다. 그러나 막상 경기가 시작되자 초반 두 종목에서 탈락하고 말았습니다. 많은 사람들은 비욘디가 실패의 충격으로 나머지 경기들도 모두 망칠 것이라고 예상했습니다.

그러나 셀리그만 박사는 올림픽이 열리기 전에 모든 미국 대표 선수들에게 실험한 결과, 비욘디가 좌절을 극복하는 낙관성 분야에서 최고 점수를 받았기 때문에 그 예상을 믿지 않았습니다. 과연 비욘디는 실패에 낙담하지 않고 오히려 분발했습니다. 그는 나머지 다섯 종목에서 모두 금메달을 따내 5관왕이 되었습니다.

사람들은 크고 작은 성공과 실패를 경험합니다만 그것을 어떻게 받아들이느냐 하는 것이 더 중요합니다.

심리학에서는 그것을 설명양식(Explanatory Style)이라고 하는데 이것은 긍정적인 사고와 부정적인 사고로 분류하는 시금석이 됩니다.

설명양식에는 세 가지가 있습니다.

첫째, 지속성(Permanence)입니다.

비관적인 사람은 실패한 상황에서 그것이 지속적일 것이라고 믿고, 낙관적인 사람은 일시적인 것이라고 생각합니다.

예를 들면 아내가 늘 잔소리를 할 경우 전자는 "허구한 날 잔소리야.", 하지만 후자는 "오늘 조금 늦었더니 잔소리를 하는가보군!"하고 반응합니다.

둘째, 전반성(Globality)입니다.

비관적인 사람은 한 가지 실패를 통해 모든 것에 무력감을 갖고, 낙관적인 사람은 다른 부분에 대해서는 여전히 가능성을 갖습니다.

예를 들어 데이트 신청에 거절당했을 때 전자는 "여자들은 모두 나를 싫어해!" 하지만, 후자는 "그녀는 날 싫어하는군!"하고 맙니다.

셋째, 개인화(Personalization)입니다.

실패 원인을 자기 탓으로 돌리는지 아니면 외부 탓으로 돌리는지 하는 차이입니다.

예를 들어 시험에 떨어졌다면 전자는 "난 안 돼!" 하지만, 후자는 "시험 방식이 까다로웠어!"라고 생각합니다.

비관주의자는 부정적인 감정을 일으켜서 도전을 포기하지만 낙관주의자는 그것을 재기의 원동력으로 만듭니다.

낙관적인 사람은 "Impossible."을 "I'm possible."로 만들 수 있는 사람입니다.

성경이 수없이 조건없는 은혜와 실패에 대한 용서, 희망을 말해 주는데도 여전히 죄의식과 열등감으로 인생을 비관하며 사는 것은 얼마나 안타까운 일인가요?

# 한 번만 읽어주세요!

성경에 나오는 다윗과 골리앗의 대결은 외견상 그 체격의 우열이 확연함에도 불구하고, 승부가 뒤집히는 데 묘미가 있습니다. 당연히 거구의 역사力士가 이겨야 상식인데 왜소한 소년이 이겼다는 의외의 결과가 재미있고, 그 배후에 신앙이 있었다는 것이 교훈이 됩니다.

아무도 이길 수 없다고 생각하는 한계를 뛰어넘는 것은 비단 신앙의 관점이 아니라도 설명할 수 있습니다. 관점을 달리하면 골리앗이 거구임에는 틀림없지만 물맷돌을 대충 던져도 타깃이 워낙 커서 명중률이 높을 것이라고 생각할 수 있습니다.

심리학자 마틴 셀리그만(Martin E. Seligman)은 이처럼 생각을 달리하면 결과도 바뀐다는 것을 연구해서 '긍정 심리학'(Positive Psychology)이론을 세웠는데 학문적으로뿐만 아니라 실제로도 증명되었습니다. 이어지는 작가 마가렛 미첼의 성공담도 이 이론을 뒷받침하는 좋은 사례입니다.

마가렛 미첼(Margaret Mitchell. 1900-1949년)은, 영화로 만들어져 더욱 유명한 소설 「바람과 함께 사라지다」를 써서 퓰리처상을 받았습니다.

이 책은 세계 27개국의 언어로도 번역되어 현재까지 1,600만 부가 넘게 팔렸으며, 이 작품 때문에 '베스트 셀러'(Best Seller)라는 단어가 생겼다니 출판역사상 기념비적인 작품이 아닐 수 없습니다.

그러나 그렇게 되기까지의 과정은 애처로울 정도입니다.

미첼은 대학을 졸업하고 신문기자로 일했는데, 26세 때에 사고로 다리를 다쳐서 하는 수 없이 회사를 그만두어야 했습니다. 그후 병상에서 글을 쓰기 시작했고 10년 동안 이 작품 하나에 매달려 마침내 완성을 했습니다. 하지만 아무도 이 무명작가의 작품에 관심을 갖지 않았습니다.

탈고한 원고를 들고 3년간 열세 군데의 출판사를 돌아다녔지만, 가는 곳곳마다 퇴짜를 맞았습니다. 원고는 너덜너덜해졌고 그때 그녀가 맛본 좌절이 얼마나 컸을까 생각해보면 연민이 절로 생깁니다.

그러다가 그녀는 맥밀란 출판사를 찾아갑니다.

미첼이 원고 뭉치를 들고 찾아갔을 때 마침 편집장 레이슨은 출장을 가기 위하여 기차역으로 떠난 뒤였습니다. 급히 따라간 미첼은 기차에 오르는 그를 붙잡고, "한 번만 읽어주세요!"라며 원고를 넘겼습니다.

편집장은 마지못해 원고를 건네 받았으나 선반에 던져놓고 거들떠보지도 않았습니다. 기차를 보낸 후 미첼은 우체국으로 곧장 가서 전보를 쳤고, 얼마 후 편집장은 기차 내에서 전보를 받았습니다.

"한 번만 읽어주세요!"

편집장은 미첼의 원고 묶음을 한 번 쳐다보고는 하던 일을 계속했습니다.

같은 방법으로 두 번째 전보가 배달되었을 때도 같은 반응이었고, 세 번째 보낸 전보를 받고나서야 성의를 봐서라도 조금만 읽어

보자며 원고를 펼쳤습니다.

얼마 후 종착역에 도착한 그는 승객들이 모두 내린 텅 빈 객차 안에 혼자 있다는 것도 모른 채 정신없이 원고를 읽고 있었습니다. 그리고는 확신 가운데 출판을 결심하고, 초판을 무려 2만 5,000부를 찍었습니다. 당시로서는 파격적인 5,000달러의 광고비를 투자했을 뿐만 아니라 이 믿음은 6개월만에 100만 부를 찍는 성공으로 이어졌습니다.

진작에 포기할 수도 있었던 일을 낙심하지 않고 끝내 이뤄낸 이 드라마는 생각을 바꾼 의지 때문에 가능한 일이었습니다.

미래를 낙관하고 꿈을 포기하지 않고은 채 노력하는 것은 아름답습니다. 신앙생활의 뿌리는 꿈이고 기쁨인데 왜 낙심하며 왜 포기하는지요?

"나의 영혼아 잠잠히 하나님만 바라라 대저 나의 소망이 저로 좇아 나는도다"(시편 62편 5절).

# 홀리데이 인 이야기

세계적인 호텔 체인인 홀리데이 인을 창업한 사람 Charles Kemmons Wilson(1913-2003년)의 이야기입니다.

그는 가난함 가운데서 자수성가한 대표적인 인물로 엄청난 재산을 모았을 뿐만 아니라 많은 사람의 사랑과 존경도 받는 성공을 거두었습니다.

그는 태어난 후 9개월 만에 보험판매원이었던 아버지를 여의고, 어머니와 함께 테네시 주 멤피스에서 자랐습니다. 6세 때에 《Saturday Evening Post》라는 5센트짜리 신문을 팔아야 할 정도로 가난했던 그는 먹고살기 위하여 어쩔 수 없이 식료품 가게 점원, 음료수 행상, 신문배달 등을 전전해야 했습니다. 학교는 중퇴할 수밖에 없었고, 17세 때에는 극장에서 팝콘을 만들어 파는 일을 했습니다. 누가 보아도 불행한 어린 시절을 보낸 그는 20세 때 건축 일을 시작하면서 본격적인 사업을 시작했습니다.

그의 첫 번째 건축 사업은 어머니를 위하여 집을 한 채 지은 것입니다. 거기 든 돈이 땅값 1,000달러에 집값 1,700달러였다고 하니 1933년도 당시 테네시 멤피스의 집값은 3,000달러 정도였던 셈입니다. 그는 그 집을 담보로 돈을 빌려서 Jukebox 사업도 하고, 영화관 사업도 하면서 점차 사업을 늘려 나갔습니다.

그러던 어느 날 아내와 다섯 자녀와 함께 워싱턴 DC를 여행하게 되었습니다. 그들이 묵었던 호텔은 좁고 시설은 형편없었는데

도 아이들 한명 한명마다 요금을 받는 등 비싸기만 했습니다. 그의 표현대로라면 호텔이 마치 '쥐덫'(mousetrap)과 같았답니다.

이것이 그가 호텔 사업에 뛰어들게 된 동기가 되었습니다. 그는 이듬해에 바로 모텔을 지었고, 이름은 당시 히트했던 빙 크로스비 주연의 영화 제목 "Holiday Inn"에서 따서 붙였습니다.

천성이 부지런한 그는 호텔 사업을 시작한 지 12년 만에 500개의 Holiday Inn을 세웠고, 20년 만에 세계적인 호텔 모텔 체인망을 갖게 되었습니다. 말년에 심장 수술을 받은 후 Holiday Inn 경영 일선에서는 물러났으나 가만히 있지를 못하는 성품이라 리조트 사업에 뛰어들어 이것 역시 성공했습니다. 플로리다 올랜도에 있는 Orange Lake Resort가 그것입니다.

또한 노년에 고향 테네시 주 멤피스에서 후진을 양성하는 일에도 힘썼는데 멤피스 대학 내에 '호텔 식당 경영학교'를 세워서 전적으로 후원했습니다.

그는 성공의 비결을 묻는 젊은이들에게 이렇게 격려했습니다.

"실패를 두려워하지 말라, 나는 누구보다도 더 많은 실수를 저질렀다. 그것이 오히려 내 성공의 비결이 되었다."

그는 근면함과 불굴의 노력으로 불우한 환경을 뛰어넘고, 적극적인 자세와 미래에 대한 소망으로 남다른 성공을 이루었습니다. 기업인으로 성공한 것도 값진 것이지만 세상을 대하는 올곧은 자세에서 인간승리를 봅니다.

무엇보다도 하나님을 믿는 독실한 신앙을 가졌다는 것이 반갑습니다. 그에게 가르침을 구하는 사람들을 위하여 정리했다는 『성공의 비결 스무 가지』(20 Tips for Success) 중에서 맨 마지막은 이것입니다.

"Believe in God and obey the 10 commandments. 하나님을
믿고, 십계명을 지키라!"

# 여리고 손자병법

전쟁은 애써 이루어 놓은 모든 것을 모두 파괴하고, 사람의 생명을 빼앗는 참혹한 일입니다.

강한 나라가 이웃 나라를 치는 것은 강도와 다름없는 탐욕이며, 남에게 고통을 주며 힘을 과시하려는 것은 교만과 강포 외에는 아무것도 아닙니다. 어떻게든 전쟁이 없는 평화로운 세상을 만들어야 하는 것은 인류의 이상입니다.

구약성경에는 "무리가 그 칼을 쳐서 보습을 만들고 창을 쳐서 낫을 만들 것이며 이 나라와 저 나라가 다시는 칼을 들고 서로 치지 아니하며 다시는 전쟁을 연습하지 아니하고"(미가 4장 3절)라는 구절이 있습니다. 얼마나 좋은 말씀입니까? 군비를 축소하고, 전쟁 연습(learning war)을 하지 아니한다니 살만한 세상의 청사진 아닙니까?

이 구절을 근거로 힘으로 대항하거나, 집총을 거부하는 기독교 일파들도 있습니다. 그러나 이 말씀은 성경을 문자적으로만 해석하는 데서 오는 잘못입니다. 이 구절은 평화의 왕으로 오시는 예수 그리스도에 대한 예언(messianic prophesy)입니다.

성경에는 수많은 전쟁 기록이 나옵니다.

전쟁은 죄악된 것이라는 일반 명제에 반하여 이스라엘 백성은 수도 없이 전쟁을 했습니다. 아녀자와 가축까지 몰살시키는 전쟁도 있었습니다. 더러는 하나님께서 명령하신 것들도 있습니다. 많은 의문이 제기되지만 그것이 하나님의 구원사업을 위한 영적 전쟁("여호와의 전쟁"이란 용어로 구별)이었다는 것으로밖에는 설명이 안 됩니다.

나타난 현상으로 봐서는 부도덕하고 비윤리적으로 보이지만 자세히 보면 그렇게 되기까지 여호와 하나님과 그의 축복된 언약을 거절하고 교만했던 것을 알 수 있습니다. 다짜고짜 죽이기 시작한 것이 아니라 먼저 하나님의 언약으로 초청했고, 그것이 구원의 길이라는 것을 알려주었습니다. 몰살당한 부족과 나라는 모두들 그 구원을 거절했기 때문입니다.

육군 사관학교를 나온 현역 영관장교 집사님이 『성경의 전쟁』이라는 책을 썼는데 성경에 나오는 전쟁들을 병법 전문가의 입장에서 쓴 책입니다. 그중 구약성경 여호수아에 나오는 여리고성 함락 사건을 사례로 삼아 전술적으로 분석한 부분을 소개합니다.

첫째는 지피지기 전술입니다.

손자병법 모공謀攻편에 "지피지기 백전불태知彼知己 百戰不殆, 적을 알고 나를 알면 백번 싸워도 위태하지 않다."고 했습니다.

그들은 여리고 성을 공격하기 전에 두 사람의 정탐꾼을 투입해 적을 탐지하게 했고, 그 결과 민심이 흔들리고 있는 허虛와 성이 견고하다는 실實을 알아냈습니다.

둘째는 대의명분 여부입니다.

손자병법 시계時計편에 전력을 가늠하는 요소 다섯 가지가 있는데 도道, 천天, 지地, 장將, 법法이 그것입니다.

도는 백성이 한마음이 되었느냐는 여부上下同欲이고, 천은 기상과 계절, 지는 지형, 장은 장수 즉 병력이고, 법은 법령체제 혹은 군기를 말합니다. 이 중 도道 면에서 보면 이스라엘 백성은 하나님의 약속에 의하여 가나안을 차지하는 대의명분이 있었고, 여리고에 사는 주민, 아모리 족속은 그런 것이 없었습니다.

셋째는 패왕覇王 전술입니다.

손자병법 구지편에 벌대국伐大國(큰 나라를 골라서 친다)이라는 전술이 나오는데 난공불락 여리고를 쳐서 주변의 작은 세력들의 전의를 꺾어놓는 전략입니다. 되도록 싸움을 적게 하든지, 아니면 아예 안 싸우고 이기는 것이 가장 좋은 승리이니까요.

하나님의 주권을 믿는 신앙인으로서 전문가다운 예리한 분석이 아닐 수 없습니다. 그런데 법궤를 메고 일곱 번 돌아 그 견고한 성이 무너진 것에 대한 전술적 분석은 없었습니다.

가만 있자, 그러면 병법가 대신 건축가를 불러와야 되나요?

# 알아들을 수 있는 말로

윌리엄 타운센드(William C. Townsend, 1896-1982년)는 성경을 번역하는 사역을 처음 시작한 선교사인데 역사상 가장 위대한 선교사인 윌리엄 캐리와 허드슨 테일러와 같은 위상을 갖습니다.

그가 한 일은 성경을 원주민의 언어로 번역하는 일이었습니다. 그것이 쉽지 않은 것은 어떤 부족의 언어는 말만 있고, 문자는 없기 때문입니다. 이런 경우에는 그들의 언어 체계와 문법을 분석하여 알파벳부터 만들어주어야 하는데 단기간에 끝날 일이 아니고, 가시적인 사역의 성과가 드러나는 일도 아니라서 많은 인내가 필요합니다. 길게 보면 몇 명에게 세례 주고, 몇 개의 예배당을 지었다는 것과 비교가 안 됩니다.

타운센드는 어릴 때부터 신앙을 가졌는데 대학 시절에 선교 사역에 대한 열정을 갖고 멕시코 바로 밑에 있는 나라 과테말라에 갔습니다. 그가 하는 일은 스페인어로 번역된 성경을 원주민들에게 배포하는 일이었습니다.

어느 날 칵치켈(Cokchiquel) 원주민에게 성경을 나누어 주다가 충격적인 말을 듣습니다.

"당신네 신은 그렇게 똑똑하다면서 우리말도 모릅니까?"

그 부족은 20만여 명이 되지만 스페인어를 아는 사람은 극소수에 불과했습니다. 그 나라 말로 된 성경 없이 가르쳐 구원의 복음을 전한다는 것이 불가능하다는 것을 깨달은 그는 칵치켈어로 된

신약성경을 13년에 걸쳐서 번역했습니다.

타운센드는 이 일을 하면서 성경 번역이 자기들만의 힘으로는 어렵고 성경 번역 사역에 대한 특별한 은사가 있는 헌신자가 필요하다는 것을 깨닫습니다. 그리하여 1934년, 최초의 성경번역자 훈련원(Summer Institute of Linguistics)을 열었고 이곳에서는 언어학자와 인류학자 등을 강사로 해서 성경번역 사역자를 배출했습니다.

첫 해에는 단 두 명, 다음 해에는 다섯 명, 이후로부터 지원자가 점점 많아지더니 1942년에는 위클리프 성경 번역 선교회(Wycliffe Bible Translator)가 창설되기에 이르렀습니다. 이 사역은 선교지역의 언어를 조사하고, 성경번역이라는 본래의 목적을 이루기 위해서라도 문맹퇴치운동을 병행해야 했습니다.

전 세계 대략 6,800여 개의 언어 중에 아직까지 성경이 번역되지 않은 언어가 약 3,000여 개가 있다고 합니다. 성경번역 사역이 얼마나 필요한 것인지 알 수 있습니다. 그동안 위클리프 선교회에서는 세계 곳곳의 소수부족언어(Minority Language Groups) 중 500여 언어로 성경을 번역했고, 현재도 약 1,400여개의 언어가 번역 중에 있습니다. 타운센드는 이러한 놀라운 업적에도 불구하고 비난을 받았습니다.

첫째는 가톨릭과 성경번역을 공조했다는 사실입니다.

주로 복음주의 선교사들의 생각인데 그러나 타운센드는 누가 성경을 사용하든 예수 그리스도의 구원의 복음이 전달되야 한다는 생각으로 그 비난들을 일축했습니다.

둘째는 타운센드가 대학을 중퇴했다는 비난입니다.

선교열정 때문에 학업을 중단했던 그는 대학 졸업장이 없어도 성경번역 사역에 아무런 지장이 없다고 보았기에 중퇴로 머물기를 주저하지 않았습니다. 또한 구 소련권의 100여 개의 언어가 미번역인 것을 알고 72세 때에 모스크바에 가서 러시아어를 배우는 일도 주저하지 않았습니다.

예나 지금이나 쓸데없는 비난을 일삼는 사람들은 본질이 아닌 것을 중요하게 생각하고, 그것을 문제 삼습니다. 이런 사람들이야말로 언어소통에 문제가 있는 것이 아닌가 싶습니다.

넌센스 퀴즈를 하나 냅니다.

어떤 사람이 뭔가 실수를 하고 이렇게 말했습니다.

"便風之自然支出 是非之者似禽獸 변풍은 자연히 나오는 것인데 이를 문제 삼는 것은 짐승과 같으니라!"

여기서 "변풍"은 무엇일까요?　　　　(해답: flatulence, 방귀)

아무리 귀중하고 유식한 말도 알아들을 수 없으면 대화를 할 수가 없겠지요.

# 한단의 꿈

중국 당나라 현종 때의 일입니다.

고향이 산동인 노생盧生이라는 젊은이가 여행 중에 하북성 한단이라는 도시를 지나게 되었습니다.

형편이 별로 넉넉하지 못한 이 젊은이는 사는 것이 고단한 사람인데 해가 저물어서 주막에 묵는 중에 어느 노인과 하루를 같이 지내게 되었습니다. 그 노인의 이름은 여옹呂翁, 인사를 나눈 후 젊은이는 신세타령을 시작했습니다. 왜 이렇게 사는 것이 고달프냐고…….

날이 저물자 젊은이는 피곤했는지 졸기 시작했습니다. 노인은 그에게 보따리에서 양쪽에 구멍이 뚫린 도자기 베개를 내 주며 자라고 했고, 젊은이는 그 베개를 베더니 이내 잠이 들었습니다.

그는 베고 있는 베개가 점점 커지는 꿈을 꾸었습니다. 그리고 그 구멍을 들여다보다가 그 안으로 들어가 보았습니다. 좁은 입구는 점점 넓어지더니 넓은 마을이 나왔고, 거기에 큰 기와집이 있었는데 성이 최씨인 사람이 살고 있었습니다. 지나가는 과객이 머물기를 청하면 재워주던 때인지라 그 집에 머물게 되었고, 어찌어찌 하다보니 그 집 딸과 결혼까지 하게 되었습니다.

젊은이는 거기서 과거 시험에 급제하여 벼슬길에 나아갔고, 관운도 좋았던지 수도 서울을 다스리는 벼슬京兆尹도 했고, 왕을 지척에서 모시는 벼슬御史大夫을 거쳐 내무부 고급 관리吏部侍郎가 되었습니다. 그러다가 그의 출세를 시기하는 사람의 투기 때문에 지방의 한직端州刺史으로 좌천되는 어려움도 겪었으나 3년 만에 중앙 재무부의 요직戶部尙書을 거쳐 마침내 장관의 자리에 올랐습니다.

이후로부터 10년 동안 임금과 더불어 태평성대를 이끌며 존귀한 이름을 얻었습니다. 그런데 어느 날 갑자기 변방의 어느 장군과 모반을 했다는 혐의로 체포되는 불운을 만나게 되었습니다.

"네 죄를 네가 알렸다!"하며 자백할 때까지 몰아가던 시절이어서 혐의를 벗고 복직되기까지 많은 고초를 겪었습니다.

그는 그 때 후회합니다.

"내 고향 산동에서 비록 넉넉하지는 않아도 농사를 지으며 맘 편하게 살 수 있었는데 어쩌다가 벼슬길에 나와서 이런 억울한 일을 당하나……."

아무리 후회해도 도리 없이 쫓겨 갈 수밖에 없었고, 그렇게 귀양살이를 하던 몇 년 후 다행히 무죄임이 밝혀져 다시 중앙의 요직中書令을 거쳐 존귀한 신분燕國公으로 돌아올 수 있게 되었습니다.

그러는 동안 세월은 흘러 그의 다섯 아들은 지체 높은 집權門勢家 자제들과 결혼하여 명망가를 이루었고, 손자도 열 명이나 보았습니다. 존귀를 누리던 그도 많은 사람의 안타까움을 뒤로 하고 왕이 보낸 어의御醫가 지켜보는 호사豪奢가운데 80세의 인생을 마치게 되었습니다.

젊은이가 깨어보니 여관 주인이 밥을 짓기 시작해서 뜸 들기 전까지의 짧은 시간이 지나 있었습니다. 노인은 웃으며 말합니다. "인생이 그런 것이라네!" 젊은이는 크게 깨우치고 난 뒤 노인에게 절하고 산동으로 떠났습니다.

다음과 같은 성경구절이 생각납니다.

"들으라 너희 중에 말하기를 오늘이나 내일이나 우리가 아무 도시에 가서 거기서 일 년을 유하며 장사하여 이를 보리라 하는 자들아 내일 일을 너희가 알지 못하는도다 너희 생명이 무엇이뇨 너희는 잠간 보이다가 없어지는 안개니라"(야고보서 4장 13-14절).

# 행복한 웰빙

데이비드 마이어스는 『행복의 추구』(The Pursuit of Happiness, 1992년) 라는 책을 썼습니다. 그는 심리학을 가르치는 학자답게 행복이 무엇인가에 대해 연구했는데 '행복'도 연구의 대상이 될 수 있다는 것이 새롭습니다. 부제는 '웰빙 발견하기'(Discovering the pathway to fulfillment, well-being, and enduring personal joy)입니다. 행복한 사람은 요새 말로 '웰빙' 하는 사람이라고 할 수 있습니다. 행복하기를 원치 않는 사람은 아무도 없습니다. 잠시 그의 연구에 귀를 기울여 봅시다.

이하는 그의 책 중에서 행복한 사람의 특징 네 가지를 요약한 것입니다.

첫째, 행복한 사람은 자존감(self-esteem)이 높은 사람입니다.

자기 자신을 존중하고 사랑하는 사람이 행복한 사람이라는 뜻입니다. 남을 사랑하기 앞서 자신을 사랑하고 귀하게 여기라는 말입니다. 반대로 자존감이 낮은 사람은 행복하지도 않을 뿐더러 심리적 장애로 우울증 같은 것이 올 수 있다고 합니다.

미국인의 85%는 좋은 자아상과 자존감을 가지고 있다고 하니 미국 사람들은 대체로 행복하다고 느끼고 사는 셈입니다. 그러고 보면 별 것도 아닌 것을 떠벌리기 좋아하고, 작은 칭찬에도 크게 감격스러워 하는 모습을 볼 수 있습니다. 자기 스스로 "난 꽤 괜찮은 사람이다."라고 생각하는 것은 착각일는지 몰라도 심리적으로는 무척 건강하다는 증거입니다.

둘째, 행복한 사람은 자신의 운명을 스스로 선택한다고 믿는 사람입니다.

널싱 홈(Nursing Home)에서 보살핌을 받는 노인은 의사와 간호사들이 모든 것을 결정하고, (정치점을 포함해서) 감옥에 갇혀 있는 사람들도 자신의 의지로 결정할 수 있는 것이 제한되어 있습니다. 사람이 자기의 시간과 물질과 일을 자유롭게 결정할 수 있다면 행복하다는 증거입니다. 그것이 자유인의 특권이고요.

남보다 많은 재물을 가졌어도 그것을 마음대로 컨트롤할 수 없다면 없느니만 못하겠죠. 세네카는 "자신의 일을 스스로 선택할 수 있는 사람은 행복할진저!"라고 말했습니다.

셋째, 행복한 사람은 늘 희망을 품는 낙천주의자입니다.

긍정적인 생각으로 미래를 꿈꾸는 사람은 그렇지 않은 사람에 비하여 더 행복하다고 느낍니다. 심장 수술이나 암 수술을 받은 환자 중에서도 낙천적인 사람이 더 회복이 빠르다고 하는 것을 보면 의학적인 근거가 있는 것 같습니다.

영화 "바람과 함께 사라지다"의 마지막 장면, "Tomorrow in another day!", 명대사가 아닐 수 없습니다.

넷째, 행복한 사람은 외향적인 사람입니다.

일리노이 대학 졸업생을 대상으로 졸업 4년 뒤에 조사한 결과, 외향적인 사람이 내향적인 사람에 비해서 더 많이 결혼했고, 더 좋은 직장을 가졌고, 더 많은 것을 발명했다고 합니다.

외향적인 성격이 더 많은 사람과 관계(involve)를 맺게 했고, 더 큰 범주의 친구 그룹을 형성하게 한 것입니다. 결과적으로 더 많은 사회적 활동을 하게 되었고, 그래서 그 경험들이 웰빙의 원천이 된 것입니다.

데이비드 마이어스는 심리학자(Secular Psychologist)이지만 그의 논조는 신앙적으로 보입니다. 이를 성경을 따라 재해석하면 이렇습니다.

첫째, 너는 하나님의 형상을 따라 지음 받았다. 네 자신을 귀하게 여겨라. 이것이 웰빙이니라!

둘째, 너에게 세상을 맡겼다. 너는 하나님이 허락하신 것을 취하라. 이것이 웰빙이니라!

셋째, 하나님은 크고 놀라운 일을 약속하셨다. 너는 그것을 꿈꾸어라. 이것이 웰빙이니라!

넷째, 하나님은 꿈을 이룰 수 있는 능력을 주셨다. 너는 그것을 성취하라. 이것이 웰빙이니라!

인문 과학도 신앙의 눈으로 보면 은혜가 되네요.

# 내 땅을 돌려 달라

조선이 일본에게 나라를 빼앗길 때 조선의 최고 관리로서 나라를 팔아먹은 흔히 "을사오적"이라고 불리는 다섯 사람들이 있습니다. 이들은 학부대신 이완용, 내부대신 이지용, 외부대신 박제순, 농상공부대신 권중현, 그리고 군부대신 이근택 등입니다.

모두들 양반 출신의 수재들이었으나 나라가 위태로울 때 자기 한사람만 살겠다고 일본 편에 붙어서 일본의 요구대로 조선의 주권을 넘겨주고 영화를 누렸습니다. 하지만 참정대신 한규설과 탁지부대신 민영기는 끝까지 반대했고, 그 때문에 결국 벼슬에서 쫓겨나야 했습니다.

이 일에 주도적 역할을 한 이완용은 이로 인하여 내각의 총리대신이 되었으며, 그 자리에 있으면서 무엄하게도 임금인 고종에게 두 번이나 양위讓位를 요구했고 결국엔 전 국민의 공분을 사는 매국노가 되었습니다.

일본은 이들을 매수하여 엄청난 재산과 이름을 주었는데 이완용과 이지용은 백작伯爵(Count)이 되고, 박재순, 권중현, 이근택은 자작子爵(Biscount)이 되었습니다. 또한 작위에 걸맞는 엄청난 금전과 영지領地가 하사되었습니다.

성난 민중은 만고의 역적 이완용의 집에 불을 질러 전소시켰으며, 그래서 그는 한때 일본군 부대 안에 피신해서 살았습니다. 또 이재명이란 용기 있는 사람의 칼에 맞아 중상을 입기도 했으나 요행히 살아났습니다.

그러나 그에게 가장 수치스러운 것은 8.15 해방 뒤 그의 후손에 의해 무덤이 파헤쳐진 것입니다. 조상이 부끄러웠던 후손들은 조상의 탐욕스런 행보를 먼지로 흩어버리지 못한 것이 한스러웠을 것입니다.

그러나 1997년 그의 증손자는 당당하게 그의 핏줄임을 밝히고 그가 남긴 재산을 돌려 달라는 토지반환 소송을 냈습니다.

현재 이완용의 후손뿐만 아니라 다른 친일파 후손들도 조상의 땅을 차지하기 위해 30여 건의 소송을 걸었습니다. 그 중에 17건이 이완용의 후손, 5건이 이근호의 후손, 4건이 송병준의 후손이라고 합니다.

문제는 현행법이 비록 일제시대에 나라를 팔아 얻은 부도덕한 재산일지라도 법리상으로는 보호해 줄 수밖에 다른 방법이 없다는 것입니다.

이스라엘과 팔레스타인 사람들의 오랜 영토 분쟁이 화제입니다. 1967년, 이스라엘이 3차 중동 전쟁(일명 6일 전쟁) 때 빼앗은 팔레스타인 땅 일부를 38년 만에 자발적으로 되돌려 준다는 것입니다.

여기에는 중동 평화에 대한 세계적 압력이 일차적 배경이 되겠지만 이스라엘측도 순수하게 되돌려주는 것은 아닌 것 같습니다.

별 실속 없는 가자지구(Gaza Strip)를 내놓는 명분으로 동 이스라엘이나 요단강 서안(west bank)같이 요긴한 곳을 확실하게 챙기겠다는 것인지, 철수한 가자지구에 강온파 팔레스타인 사람들이 다투느라 자치능력이 없으면 다시 들어오겠다는 것인지 확실하지 않습니다.

가자지구를 비롯한 팔레스틴 영토분쟁은 1967년에 생긴 것이 아닙니다. 그렇다고 시오니즘(zionism)으로 무장해서 이스라엘 국가를 창설한 1948년도 아닙니다.

자그마치 약 3900년 전, 아브라함이 가나안 땅에 대한 언약을 받은 후부터인데 그때도 이미 땅 임자가 살고 있었기 때문에 이스라엘이 독립할 당시와 다를 바 없습니다.

여호수아 시대나 사사들의 때에도, 다윗 왕조 때에도 그들은 섞여 살았습니다. 구약성경에 '팔레스타인'은 '불레셋'으로 '가자'는 '가사'로 나와 있습니다.

구속사적인 관점에서 이스라엘 역사를 해석한다고 해도 그렇고, 팔레스틴 사람들의 비참한 실상과 이스라엘의 압제를 보면 더욱 그렇습니다. 주종의 예속에 가까운 경제적 형편이나 사실상 감옥과 같은 차별이 하마스 같은 극렬 테러단체를 더 키우는 것이 아닌가 싶습니다.

하나님의 언약을 가진 선민으로서 그 때도 더불어 살았는데 지금 이처럼 총부리를 겨누며 살아야 하는지 안타깝습니다. 땅은 하나인데 임자는 둘이라면 쉬운 문제는 아니지요. 더불어 사는 방법 밖에는……. 이스라엘에게 하나님의 큰 덕德과 언약으로 그들을 초대할 수는 없는지, 그걸 묻고 싶습니다.

# 갓끈을 모두 떼라

중국 춘추시대는 고만고만한 여러 나라들이 힘을 겨루던 시대입니다. 대략 800여 개의 나라들이 난립했었는데 차차 정리가 되어 나중에는 일곱 나라로 통합되었습니다.

그들의 군주는 스스로 제후諸侯라고 불렀습니다. 그런데 그 중하나인 초나라는 '장공'莊公이라고 하지 않고 '장왕'莊王이라고 했습니다. 이것은 당시 국제적인 분위기로는 당찬 기백이 아닐 수 없었습니다. 왜냐하면 비록 여러 나라가 각축하고 있다고는 하지만한때 통일 중국을 지배한 주周나라가 엄연히 존재했기 때문입니다.

주나라는 비록 제후국보다도 세력이 약하다 해도 엄연히 천자天子가 있는 나라였기에 보통 실력이 아니고는 스스로 왕이라고 자부할 수 없었습니다. 과연 초장왕은 중국을 통일할 꿈을 품고 중앙진출을 시도했고 나머지 나라들이 연합해서야 간신히 막아냈다니자부심만큼 힘도 있었던 모양입니다.

초장왕에게는 다음과 같은 일화가 전해집니다.

어느 전쟁에서 이긴 후 초장왕은 장수들을 불러 성대한 연회를베풀어주며 그들을 치하하는 자리를 마련했습니다.

한창 흥이 고조될 때 왕은 그의 애첩 허희許姬로 하여금 신하들에게 술을 따르게 했는데 때마침 불어온 밤바람에 켜 놓은 촛불이모두 꺼져버려 온통 캄캄하게 되었습니다.

이때 신하 중 한명이 허희의 몸을 손으로 더듬는 '부적절한' 행동을 했고, 그녀는 놀라 비명을 질렀습니다.

그녀는 다급한 순간에도 재치 있게 그 남자의 갓끈纓을 잡아챘습니다. 그리고는 어서 불을 켜서 이 갓끈 임자를 잡아달라고 외쳤습니다. 그러나 왕은 신하들을 위로하려고 만든 자리인 만큼 여자 한 명 때문에 공신을 욕보일 수 없다고 하면서 모두들 갓끈을 떼라고 명령했습니다.

이윽고 불이 켜졌을 때 갓끈이 달린 갓을 쓴 사람은 아무도 없었고, 왕의 여자를 넘봤다는 엄청난 죄목으로 누군가 처벌받는 불행한 일은 일어나지 않았습니다.

살벌한 춘추전국시대에서 살아남았을 뿐만 아니라 춘추오패春秋五覇(당시 최강 다섯 나라의 연합회 회장 격)의 한 사람이 되었던 초장왕은 그런 인품을 가진 사람이었습니다.

그로부터 3년 후 진晉 나라와 전쟁이 일어났습니다. 불행히도 초나라는 패전의 위기를 맞았을 뿐만 아니라 장왕 자신도 심각한 위험에 빠졌습니다.

이 때 불현듯 장웅張雄이라는 장수가 목숨을 걸고 나서서 왕을 구했고, 일시에 전세를 뒤집어 승전하게 만들었습니다.

왕은 그 용맹한 장수를 칭찬하며 물었습니다. "내가 평소에 그대를 크게 우대하지도 않았는데 어찌하여 그대는 죽기를 무릅쓰고 싸웠는가?"

그는 대답했습니다. "저는 3년 전에 이미 죽은 목숨입니다. 그 때 갓끈을 뜯겼던 사람이 접니다. 그 때 폐하의 온정으로 살아났으니 다만 목숨을 바쳐 은혜에 보답하려 했을 뿐입니다."

그래서 사람들은 갓끈을 모두 떼버리고 놀았던 그 잔치를 "절영지회"絶纓之會라고 부릅니다. 부하의 비밀스런 허물을 넓은 포용력으로 덮어주었더니 그만한 보답이 돌아오더라는 뜻풀이까지 기억하면서요.

프랑스의 유명한 시인 폴 엘뤼아르(Paul Eluard)의 한 줄 시 "나는 소망한다 내게 금지된 것을"(제목은 '커브'이고, 시는 이상의 한 줄임)처럼 인간은 본성상 금지된 것에 대한 소망을 가지고 있습니다.

성경은 "미움은 다툼을 일으켜도 사랑은 모든 허물을 가리우느니라"(잠언 10장 12절)고 가르치고 있습니다.

굳이 드러내려면 사람을 깎아내리기보다 허물을 덮어주고 숨은 선행 찾아내서 세상을 밝혀야 합니다. 여러분에게 어느 순간 절영지회의 보답이 돌아올는지 알 수 없으니까요.

# 영성의 색깔

　　크리스천은 예수그리스도를 믿는 믿음을 가진 사람들입니다. 그러나 같은 믿음을 가졌다고 해도 신앙의 색깔은 다양합니다.

　　예를 들면 어떤 이는 성령운동을 강조하며 기도원 운동에 열심인데 어떤 이는 교회의 사회적 의무를 강조하며 현실 정치에 참여합니다. 이것은 교파적 배경과 각 개인이 신앙 성장과정에서 경험한 것에 따라 영향을 받습니다. 그러나 지나치게 한쪽으로만 치우치면 같은 하나님을 섬기는 형제임에도 불구하고 심각한 갈등을 겪기도 합니다.

　　교회는 다양한 신앙형태들을 받아들일 수 있어야 하며 그것들을 이해조차 하지 못한다면 문제가 아닐 수 없습니다.

　　이와 같은 여러 가지 신앙의 모습을 탁월하게 비교분석한 책이 있어서 소개합니다.

　　복음주의 신학자 게리 토마스(Gary Thomas)가 지은 『영성에도 색깔이 있다』(Sacred Pathways)가 그것입니다. 그는 캠퍼스 사역 중 크리스천들의 신앙에 독특한 취향과 기질이 있음을 발견하고 이 책을 썼는데 원제목(Sacred Pathway)처럼 여러 가지 '신앙 방식'에 대한 글입니다.

　　한글 제목을 '영성에도 색깔이 있다' 라고 번역한 것은 그가 학교에서 '영성' 을 가르치는 신학자이기 때문에 그렇게 한 것 같습니다.

그는 '영성이란 사람이 하나님과 관계를 맺는 방식' 이라고 전제하고 글을 풀어나갔는데 여기서 말하는 '영성' 은 다름 아닌 '신앙' 을 말합니다. 신앙의 형태는 다음 아홉 가지로 분류됩니다.

첫째는 자연주의 영성입니다.

야외에서 아름다운 하나님의 피조물들을 보고 초월적인 하나님의 신비를 발견하는 것입니다. 그러나 '느낌' 이나 '체험' 이 성경적으로 검증되지 않는 약점이 있습니다.

둘째는 감각주의 영성입니다.

사람이 가진 오감五感을 통해서 하나님을 느끼는 것인데 음악을 통한 청각, 건물이나 예복 등을 통한 시각, 심지어는 성찬예식을 통한 미각으로 자극받는 것입니다. 그러나 예배의 본질을 잃어버릴 수 있는 위험이 있습니다.

셋째는 전통주의 영성입니다.

의식이나 성례전 등의 형식적인 틀 속에서 안정을 얻는 신앙형태를 말하는데 하나님을 알지 못한 채 '종교적' 이 될 위험이 있습니다.

넷째는 금욕주의 영성입니다.

이것은 종교적 의식뿐만 아니라 세상의 모든 소음과 산만함을 거부합니다. 혼자서 침묵하며 기도하는 것을 좋아합니다. 그러나 개인주의나 분리주의로 비칠 수 있습니다.

다섯째는 행동주의 영성입니다.

예배는 죄인들에게 회개를 촉구하는 것이고, 교회는 불의와 일전을 벌이기 위해 재충전하는 장소로 봅니다. 비록 부대끼더라도 혼자 있는 것보다 같이 있을 때 힘을 얻습니다.

여섯째는 박애주의 영성입니다.

가난하고 초라한 사람들을 통해 그리스도를 보며, 남들과의 관계 속에서 신앙의 의미를 찾습니다. 보통은 남을 돌본다는 것이 피곤한 일이지만 이들에게는 힘을 받는 일입니다.

일곱째는 열정주의 영성입니다.

열정주의는 소리치고 손뼉치며 춤추며 체험합니다. 체험하지 못한 채 이해하는 정도로는 감동이 전혀 없습니다.

여덟째는 묵상주의 영성입니다.

하나님을 마치 연인과 같이 느끼며 그의 임재를 누립니다. 예를 들면 그리스도의 고난과 죽음 등에 대한 장면 장면을 그리며 묵상합니다.

아홉 번째는 지성주의 영성입니다.

회의론자일 수도 있으나 교리와 성경을 공부하고 논쟁합니다. 신앙은 체험하는 것이며 동시에 이해의 대상으로 봅니다.

게리 토마스의 지적대로 현대 교회는 다양한 신앙을 가지고 있습니다. 기질 혹은 기호嗜好에 따라 더러는 심각한 이질감을 갖기도 하니 서로 이해하는 노력이 필요한 것 같습니다.

나와 다른 그의 방식을 인정하는 것이 편협하지 않은 인격이요, 하나님의 주권을 인정하는 겸손이 아닐까요?

# 구제의 우선순위

셰익스피어의 작품 「베니스의 상인」 때문에 유대인은 돈밖에 모르는 잔인한 수전노로 알려졌지만 유대 민족처럼 구제를 생활화한 민족도 드뭅니다. 그들은 구제에 있어 주는 것이 받는 것보다 더 어렵다는 것을 알고는 받는 사람의 마음을 상하지 않도록 특별한 연구를 했습니다.

유대인들은 구제를 여덟 단계로 구분했습니다.

첫째는 대등한 관계에서 돈을 빌려주어 사업을 하거나 동업을 하는 경우입니다. 돈을 대주는 쪽과 받아쓰는 입장은 대등할 수 없지만 '관계'는 대등하게 설정하려는 것입니다.

둘째는 구제하는 자나 받는 자가 서로 모르는 경우입니다. 성전 한곳에 구제품을 놓을 방을 마련하여 갖다 놓고 가져가는 형태로 베푸는 사람과 받는 사람이 서로 얼굴 마주칠 일이 없도록 한 것입니다.

셋째는 돕는 자는 알지만 받는 자는 모르는 경우입니다. 임꺽정이나 홍길동식으로 연상하면 됩니다.

넷째는 받는 자는 알지만 돕는 자는 모르는 경우입니다. 이것은 받으려는 사람이 느슨한 괴나리봇짐을 지고 마을 복판을 지나가면 뒤에서 그의 등짐에 넣어주는 것입니다. 역시 얼굴을 마주치지 않게 하려는 배려가 있습니다.

다섯째, 도움을 청하기 전에 도와주어 수치를 면하게 하는 경우입니다. 남의 어려움을 헤아릴 줄 아는 넉넉한 마음과 관심이 있을 때 가능한 것입니다.

여섯째, 어려운 사람의 요청을 받고 직접 돕는 경우입니다. 미리 알아서 도움을 청하기 전에 도왔으면 더욱 좋았겠지요.

일곱째, 자기가 도울 수 있는 양보다 적게 돕지만 기쁜 마음으로 돕는 경우입니다. 구제의 양으로 보면 만족스러운 것은 아니지만 그래도 구제의 자세를 생각하게 합니다.

여덟째, 무뚝뚝한 태도로 돕는 경우입니다. 아마도 받는 이의 마음을 조금도 헤아리지 않는 태도일 것입니다.


중요한 것은 구제를 성경적으로 해석하는 마음입니다.

구약성경 신명기 16장 20절 "너는 마땅히 공의만 좇으라 그리하면 네가 살겠고 네 하나님 여호와께서 네게 주시는 땅을 얻으리라"고 한 말씀 중 '공의'(zedakah)를 '구제'로 해석한 것입니다. 제다카(zedakah)는 "정의"(justice), '의'(righteousness)라는 뜻으로 '구제'와는 상관이 없습니다. 그러나 그렇게 한 것은 '구제'를 '공의의 차원에서 다루어져야 할 의무'라고 믿었기 때문입니다.

그런 이유로 탈무드에서는 "그에게 속한 것을 그에게 주라. 네 소유 중에 그의 것이 없나 살피라."고 가르칩니다.

탈무드에 따르면 구제할 분량은 10분의 1이 보통이고, 10분의 5는 최선이며, 10분의 5이상은 금한다고 했습니다.

특이한 것은 구제의 대상입니다. 즉 누구를 구제할 것인가를 구분하여 순위를 매겼습니다.

가정 밖에서의 1순위는 부모, 2순위는 장성한 자녀들, 3순위는 자기 형제자매, 4순위는 가까운 친척들, 5순위가 가난한 이웃 등이었고, 가정 안에서의 1순위는 아내, 2순위는 미혼 자녀였습니다.

부모님은 가정 밖의 사람?

가정 안에서 구제 대상의 제 1순위가 자기 아내?

의외라고 생각됩니다만 부모님에게 관심을 가져야 하는 만큼 중요한 대상이 다름 아닌 아내라는 사실이 새삼스럽습니다.

아내를 도와주고, 그 필요를 공급해 주어라 … 이것이 하나님의 공의이니라…….

어째 결혼 서약 같네요?

# 멀리 보는 지혜

　　미국 제 17대 대통령인 앤드루 존슨(Andres Johnson, 1808~1875년)은
재임할 당시 러시아로부터 미국 본토의 5분의 1이나 되는 알래스
카 땅을 매입한 것으로 유명합니다.

　　알래스카 땅을 살 당시 720만 달러라는 당시로서는 엄청난 금
액을 지출하면서 존슨 대통령은 윌리엄 슈워드(William Seward) 국무
장관과만 의논했을 뿐 의회의 승인없이 일을 추진했습니다.

　　매입이 끝나고 의회가 들고일어난 것은 당연한 일이었습니다.

　　"이 바보들아, 그렇게 얼음이 필요하면 겨울에 꽁꽁 언 미시시
피강 얼음을 깨다가 너희 집 안방에 재 놓지 왜 쓸모없는 땅을 720
만 달러나 주고 사느냐?"고 비난하는 그들에게, "의회를 거치면 매
스컴이 떠들고, 소문이 퍼지면 러시아가 팔지 않거나 값을 올릴까
봐 국무장관과만 상의해서 샀다."고 사과하며 해명해야 했습니다.

　　알래스카 땅의 가치를 모르는 마당에 비난하는 것은 당연한 일
이었습니다. 그러나 그 땅의 가치를 안 이상 뜻을 굽히지 않고 일
을 추진한 것은 선견지명이었습니다.

　　어쨌든 그 후 알래스카에 사람을 파견하여 조사해보니 그 땅에
는 금, 백금, 삼림, 어장, 석유 등 지하자원이 무진장 매장되어 있
었습니다. 의회에서는 이 사실을 알고 "의회에서 있었던 당신의 사
과를 되돌려 드립니다. 알래스카는 얼음 창고가 아니라 보물 창고
였습니다."라고 다시 사과했습니다.

영어 사전의 'Seward's Folly'(슈워드의 어리석음)는 당시 국무장관 이었던 윌리엄 슈워드의 이름을 딴 것으로 당대에는 알아주는 사람 이 없으나 훗날 거시적 안목으로 재평가된다는 뜻으로 풀이됩니다.

남들이 알지 못하는 것을 혼자 아는 것은 대단한 능력입니다. 투자 가치가 있는 땅을 미리 사 놓는 것이나 예측 불가능한 상황에 서 아무도 알 수 없는 것을 정확하게 내다보고 준비하는 것은 모두 혜안慧眼이 있기 때문입니다.

구약 성경에 나오는 수많은 선지자들이 하나님의 뜻을 분별하 여 일러주는 대목은 경이롭기까지 합니다. 그들이 가진 지혜와 영 감은 하나님이 주신 선물이며 은사입니다.

우리에게도 먼 미래를 내다볼 수 있는 것이 있습니다.

"이로써 그 보배롭고 지극히 큰 약속을 우리에게 주사 이 약속 으로 말미암아 너희로 정욕을 인하여 세상에서 썩어질 것을 피하 여 신의 성품에 참예하는 자가 되게 하려 하셨으니 이러므로 너희 가 더욱 힘써 너희 믿음에 덕을, 덕에 지식을, 지식에 절제를, 절제 에 인내를, 인내에 경건을, 경건에 형제 우애를, 형제 우애에 사랑 을 공급하라 이런 것이 너희에게 있어 흡족한즉 너희로 우리 주 예 수 그리스도를 알기에 게으르지 않고 열매 없는 자가 되지 않게 하 려니와 이런 것이 없는 자는 소경이라 원시치 못하고 그의 옛 죄를 깨끗케 하심을 잊었느니라"(베드로후서 1장 4-9절).

원시遠視치 못한다는 것은 멀리 내다보지 못한다는 말로 영어로 는 "nearsight", 혹은 "shortsight"라고 번역되었습니다. 그저 하 루하루를 산다는 뜻입니다.

삶을 종말론적으로 이해할 때 거기에 지혜가 있습니다.

몰라서 그렇지 사람은 태어날 때부터 돌아갈 날짜를 받고 왔다는 것을 아는 것이 지혜이고, 그 유한한 세상 나들이에 영원한 소망이 원시할 수 있는 망원경일 것입니다.

우리의 삶이 조금 힘들어도 알래스카와 비교도 할 수 없는 천국의 소망이 있는데 무엇이 걱정입니까?

# 대통령의 시선

　미국 역대 대통령 중에서 가장 존경받는 사람은 아브라함 링컨입니다. 그는 노예 해방이라는 역사에 남는 업적 말고도 보통 사람들에게 희망의 증거였습니다. 가난한 가정에서 태어났고, 정규 교육도 초등학교를 1년 다닌 것이 전부였습니다.

　대통령이 되기까지 정치인으로서의 여정도 고난의 연속이었는데 그가 선거에서 낙선한 것은 모두 여덟 차례입니다. 안타까운 것은 남북 전쟁이 끝난 닷새 후에 링컨이 암살되었다는 것입니다.

　남부 연합의 정책에 동조하던 배우 존 윌크스 부츠는 치밀하게 암살을 계획하고 1865년 4월 14일 연극 관람을 하던 링컨을 권총으로 저격했습니다. 암살범은 혼란한 극장을 용케 빠져 나갔으나 며칠 뒤 체포되어 처형되었습니다.

　링컨을 암살한 존 윌크스 부츠는 도망가다가 어느 병원에서 치료를 받았는데 의사는 그가 누군지도 모른 채 상처를 치료해 주었습니다. 의사가 상처 난 환자를 치료해 준 것은 당연한 일이었지만 그것이 문제가 되어서 그 의사는 심한 고초를 겪게 되었습니다.

　암살범과 아무런 관계도 없는 처지였지만 당시 분위기는 그 의사를 결코 가만두지 않았습니다. 그는 험한 조사를 받고, 감옥에 갇혀 있으면서도 죄수들에게까지 좋지 않은 눈초리를 받았습니다.

　이 사건이 영화로 만들어진 것을 본 일이 있는데 그 당시 상황이 얼마나 혹독했는가를 적나라하게 묘사하고 있습니다. 사나운

간수들, 낡은 죄수복에 깡마른 얼굴, 덥수룩하게 자란 수염과 마음대로 헝클어진 머리, 그리고 맨발 발목에 매인 쇠사슬과 축구공만큼 큰 쇳덩어리……

곡괭이로 땅 파는 노역을 하다가 그 무거운 쇳덩어리를 품에 안고 힘겨워 휘청거리면서 걷는 모습을 보며 너무 가혹하다는 생각을 했습니다.

영화는 그 의사의 부인이 남편의 억울함을 호소하며 백방으로 구명운동을 하는 것을 보여 줍니다. 평화롭게 살았던 그 의사의 가정은 하루아침에 불명예스러운 불행의 나락으로 떨어졌습니다. 그녀는 도움을 줄 수 있는 사람들을 찾아다니며 곳곳에 탄원서를 보냈지만 헛일이었습니다.

링컨 대통령의 후임인 앤드루 존슨 대통령에게도 탄원서를 보냈지만 모두 중간에서 차단되었습니다. 마지막으로 그 여자는 직접 대통령 관저(백악관)로 찾아가서 대통령을 만나려고 했지만 그것 역시 불가능한 일이었습니다. 그러나 이 여자는 대통령 만나기를 포기하지 않습니다. 대통령 집무실 창문이 보이는 가장 가까운 울타리에 서서 대통령의 시선을 기다립니다. 무더운 날씨에 정장을 하고 대통령의 집무실 창문을 향하여 시선을 떼지 않고 서 있기를 얼마…….

마침내 앤드루 존슨 대통령은 그녀를 발견하였고, 사람을 보내어 그녀를 불러들였습니다. 자초지종을 듣게 된 대통령은 그 남편을 석방시켜 주었습니다.

그 영화는 실록 영화의 마지막 장면에 종종 사용하는 기법인

문자 내레이션과 함께 안위와 감동으로 막을 내립니다.

"그리하여 마침내 1869년 3월 8일 의사 Samuel A. Mudd는 석방되어 집으로 돌아갔다……"

누가복음 18장에 나오는, 불의한 재판관의 마음을 움직인 과부가 생각납니다.

"하나님께서 그 밤낮 부르짖는 택하신 자들의 원한을 풀어주시지 않겠느냐…"(누가복음 18장 7절).

# 배춧잎 담배

우리나라에서 최초로 전기불이 켜진 것은 1887년입니다.

당시 조선의 국왕이 거주하는 경복궁을 밝히기 위하여 발전기를 도입하게 되었는데 이 발전기를 만든 사람은 우리들이 잘 아는 발명왕 토마스 에디슨입니다.

증기 발전기가 돌아가면서 어두운 대궐이 갑자기 환하게 밝아졌을 때 사람들이 얼마나 신기해했던지 그것을 괴화怪火 또는 묘화妙火라고 불렀습니다.

전기라는 것을 듣지도 보지도 못한 때의 일이니 사람들이 충분히 놀랄 수 있는 일입니다. 나중에 전기가 민간에 공급되었을 때 기술적인 이유로 정전이 잦았는데, 사람들이 담배에 불을 붙이려고 전구에 담뱃대를 갖다 대도 불이 붙지 않자 전구를 빼내고 소켓에 담뱃대를 대는 바람에 합선이 되어서 그랬다니 당시 형편을 알 만합니다.

1895년에는 역시 에디슨이 만든 유성기가 들어왔는데 이것은 오늘날의 녹음기입니다. 방금 자기가 한 말이 그대로 녹음되었다가 재생되는 것을 들었을 때 얼마나 놀라웠을까요?

어쨌든 조선 사람들이 이런 물건들을 만든 에디슨을 어떻게 생각했을까 궁금합니다.

남보다 재능 있는 에디슨에게는 이런 일화가 있습니다.

발명가로 유명한 그의 집에는 사람들이 끊임없이 찾아왔는데 찾아오는 친구들은 에디슨의 허락도 없이 책상 위에 놓인 Cigar<sup>(여송연)</sup>를 매번 남김없이 다 피워댔습니다. 에디슨은 그 친구들을 골려주려고 담배 회사에 특별한 Cigar를 주문했습니다. 그것은 담배 잎으로 만든 것이 아니라 배춧잎을 잘 말려서 갈색 종이로 말아서 만든 가짜 Cigar였습니다. 그리고는 친구들이 잘 볼 수 있는 책상 위에 가득 쌓아두었습니다.

얼마 후 며칠 동안 여행을 하고 돌아와 보니 책상 위에 담배가 하나도 없는 것을 발견하고 에디슨은 쾌재를 불렀습니다. 배추 이파리로 만든 가짜 Cigar를 진짜 Cigar로 알고 피운 친구들을 생각하고 말입니다.

바로 비서를 불렀습니다. 그리고 친구 중에 누가 그 담배를 피웠느냐고 물어보았습니다. 회심의 미소를 지으면서 말입니다.

비서는 깜짝 놀라며 대답했습니다.

"그 Cigar는 특별히 주문한 귀한 것이 아닙니까? 그래서 선생님이 여행 떠나실 때에 가방에다 전부 넣어 드렸는데요?"

"……."

"그렇다면 이번 여행 중에 내가 피운 Cigar는 모두 배춧잎이었단 말인가?"

공자의 교훈 중에 이런 대목이 있습니다.

己所不慾 勿施於人
자기가 원하지 않는 것은 남에게 베풀지 말라.

프랑스에서 악명을 떨친 길로틴(Guillotine, 단두대)을 고안한 사람은 길로틴 박사입니다. 그런데 그가 단두대에서 죽었다는 사실을 아십니까?

에디슨의 악의 없는 장난에서 우리는 깨닫습니다.

하나님은 우리가 행한대로 갚아주신다는 사실을 말입니다.


예수께서 말씀하셨습니다.

"무엇이든지 남에게 대접을 받고자 하는 대로 너희도 남을 대접하라"(마태복음 7장 12절).

# 거지에게 쥐어 준 6프랑

약 100년 전, 프랑스에 로트실드라는 남작(Baron)이 있었습니다. 그는 부자였고 늘 많은 사람들을 초대해서 교제하고 베풀기를 좋아하는 사람이었습니다.

어느 날 집에서 파티를 열었는데 초대된 어떤 사람이 그 집주인 로트실드 남작을 뚫어지게 쳐다보는 것이었습니다. 왜 보느냐고 했더니 머뭇거리면서 자기는 화가이고 자기 그림의 모델로 남작님이 적합해서 그런다고 했습니다.

그럼 내가 기꺼이 모델이 되어 주겠다고 말하니까 그 화가는 또 머뭇거렸습니다. 왜 그러냐고 했더니 자기가 그리려는 모델은 거지라고 했습니다.

"거지라……."

그러나 남작은 잠깐 생각한 후 그의 모델이 되기로 했습니다.

다음날 남작은 화가의 화실로 가서 거지꼴로 분장하고 처량한 표정을 지으며 모델로 앉아 있었고, 화가는 그런 그를 열심히 그리기 시작했습니다.

그 때 그 화가의 제자 한 사람이 들어왔습니다. 그 청년은 아주 가난해서 마음껏 그림 공부도 못하고 있고, 사귀는 아가씨의 부모님이 가난하다는 이유로 반대해서 결혼도 못하는 처지였습니다.

그는 화실에서 선생님이 웬 거지를 앉혀 놓고 그림을 그리고 있는 것을 보았습니다. 그런데 그 모델을 보니 정말로 가엾게 보였습니다. 너무도 변장을 잘했기 때문이었습니다.

"얼마나 가난하면 저 꼴일까, 몇 푼이나 벌자고 자존심도 없이 저렇게 앉아있다니……."

"저 사람에 비하면 나는 얼마나 행복한 사람인가……."

그 청년은 그 거지를 생각하며 주머니를 뒤져보았습니다. 단돈 6프랑, 겨우 식사 한 끼의 값이 전부였습니다. 그는 말없이 그 가련한 거지에게 6프랑을 손에 쥐어 주고는 나가버렸습니다.

얼마 후 그림이 완성되고 남작은 화가에게 물었습니다.

"아까 그 청년은 누구요?"

"예, 꽤 재능이 있는 청년인데 가난해서 제대로 공부할 수 없는 젊은이입니다."

"……."

다음 날 그 청년은 이름을 알 수 없는 사람으로부터 편지 한 통을 받았는데 60만 프랑의 수표와 편지가 들어 있었습니다. 편지에는 이렇게 쓰여 있었습니다.

"착하고 참된 씨앗은 반드시 좋은 열매를 맺는 법입니다. 당신이 가난하고 가엾은 사람을 위하여 쓰신 6프랑은 이제 60만 프랑이 되어 당신에게로 돌아가게 되었습니다."

흉년이 들어 고국 땅을 등지고 이민을 갔다가 남편과 두 아들을 그곳에 묻고 고향으로 돌아온 나오미는 남편과 두 아들뿐 아니라 가지고 간 전 재산도 잃었고, 꿈과 젊음마저도 다 잃었습니다.

한 가지 위로가 되는 것은 그 땅에서 얻은 두 며느리 중 하나가 늙은 시어머니를 가엾게 여겨 동행하기로 한 것입니다. 젊은 과부가 남편도 없이 늙은 시어머니를 봉양한다는 것이 고금을 막론하고 어디 쉬운 일입니까? 그러나 그녀는 시어머니를 참으로 사랑했습니다.

돌아온 고향 땅이라지만 변변한 기업이 없었기에 며느리는 남의 추수한 밭에 가서 일꾼들이 흘린 곡식을 주워서 연명했습니다. 땡볕에서 하루 종일 쉬지 않고 땀 흘려 일하는 젊은 과부의 모습, 그것은 아름다운 헌신이었고 조건 없는 희생이었습니다.

하나님은 그 아름다운 사랑에 보답하셨습니다. 좋은 남편과 넉넉한 재물과 아름다운 이름을 주셨고, 존귀한 자손까지 주셨습니다. 그 여자의 이름은 룻입니다. 위대한 다윗 왕의 증조할머니 말입니다.

# 감당할 수 없는 사람

　　스탠리 스타인은 미국 텍사스 주의 샌 안토니오에서 사는 평범한 사람이었습니다. 그에게 어느 날 뜻하지 않은 재앙이 찾아왔습니다. 그것은 그가 한센씨 병, 즉 나병에 걸린 것이었습니다. 청천벽력과 같은 일이었습니다만 결국 강제로 나병 환자촌에 수용될 수밖에 없었습니다.

　　1931년 당시 나환자를 수용하는 시설은 루이지애나 주의 카아빌 한 군데 밖에 없었습니다. 당시의 나환자 수용소는 형무소와 다를 것이 없었습니다. 담장에는 탈출을 막기 위해 철조망을 쳐놓았습니다. 수용소 내에서는 전화, 우체국도 없었고, 외출이나 여행도 금지되었으며, 투표권조차 박탈되었습니다. 마치 너는 문둥병이 걸렸으니 이곳에 갇혀서 형벌 아닌 형벌을 받아야 한다는 것이 수용소의 입장이었습니다.

　　"병든 것도 억울한데 죄수 대접을 받다니……."

　　그러나 스탠리를 가장 슬프게 한 것은 수용된 모든 환자들이 절망감을 안고 체념하고 있다는 사실이었습니다.

　　"우리는 살아서는 여길 나갈 수 없는 산송장들이야……."

　　하지만 스탠리는 운명과 같은 그 절망에 굴복하기를 거부했습니다.

그는 《The Star》라는 주간지를 만들었습니다. 거기에 수용소에서 상영될 영화를 소개하고, 각종 행사를 안내하며, 인생 문제 상담, 유머 등을 실어서 환자들을 위로하기 시작했습니다. 잡지는 모든 환자들에게 열렬한 환영을 받았습니다.

다음 호 사설에서 새로운 영사기를 구입해 줄 것과 영화 선택을 좀 더 신중히 해 줄 것을 요청했습니다. 병원당국은 그 요구를 들어주었습니다. 환자들은 고무되었습니다.

스탠리는 이어서 극단을 조직하여 재미있는 연극을 상연하였고, 운동회를 열기도 했습니다. 동료 환자들의 격려와 지지를 받은 것은 물론입니다.

스탠리의 활약으로 수용소의 시설은 대폭 개선되었고, 야구단과 교향악단이 찾아와서 공연하는 등 전에는 상상 못하던 일까지 벌어졌습니다.

그러던 중 스탠리는 두 손의 감각을 잃었고 얼굴에는 창상이 돋아 결국 왼쪽 눈을 실명하게 되었습니다.

그는 병세가 악화됨에 따라 자기를 죽음으로 몰고 가는 이 병이 어떤 병인지 연구하기 시작했습니다. 그 결과로 나병(한센씨 병)은 성경에 나오는 문둥병과 아무런 관련이 없다는 것과 암보다도 치사율이 낮고, 가장 전염되지 않는 병이라는 것을 알게 되었습니다.

스탠리는 그 사실을 《The Star》의 사설을 통해 알렸고, 국제 나병학회에 편지를 써서 1948년 마침내 '문둥병'이란 단어를 쓰지 않는다는 결의안을 채택하도록 했습니다. 《The Star》의 창간 30주년을 기념하면서는 당시 존 F 케네디 대통령이 특별 성명을 통해 스탠리와 《The Star》의 업적을 치하하기도 했습니다.

스탠리는 서른여덟 살 되었을 때 남은 한쪽 눈마저 실명했고, 1967년 68세를 일기로 죽었습니다.

어느 날 갑자기 예고 없이 찾아온 불행에 굴복하거나 좌절하지 않고 그 운명에 맞서서 싸워 이긴 것이 스탠리 드라마가 보여준 최고의 가치입니다.

하나님을 믿는 믿음은 주어진 역경을 뛰어넘습니다.

전쟁을 이기기도 하고, 성을 무너뜨리기도 하고, 강을 건너기도 하고, 사자의 입을 막기도 합니다(히브리서 11장 33-38절). 성경은 이들을 "세상이 감당치 못하는 사람"이라고 표현합니다.

# 메디슨 카운티의 사랑

　몇 년 전 미국에서 밀리언 셀러가 된 소설이 영화로도 만들어져서 크게 히트했습니다.

　제목은 "메디슨 카운티의 다리", 주연은 유명한 배우 클린트 이스트우드와 메릴 스트립이었습니다. 사진작가인 남자 주인공은 메디슨 카운티에 있는 어느 다리를 찍으러 갔는데 그 다리는 위를 지붕으로 덮은 모양이 약간 특이한 시골 다리였습니다. 주인공은 그 다리를 찾아가다가 길을 잃고는 인근 농가에 들러 길을 물어 보았습니다. 그 집 부인은 친절하게 그 길을 가르쳐 주며 그를 다리까지 안내했고, 사진작가는 불과 얼마 만에 사진을 다 찍었습니다.

　그는 부인을 집에 데려다 주면서 고마웠다고 했고, 부인은 별일 아니라면서 차나 한잔 마시고 떠나라고 해서 집에 들어옵니다. 부인에게는 남편과 다 큰 두 자녀가 있었는데 마침 가족들은 모두 한 주 동안 다른 도시로 출타한 중이었습니다.

　그녀는 외견상으로는 남편과 두 남매와 더불어 행복하게 사는 것 같았으나 속으로는 권태 이상의 어떤 삶의 무의미함을 느끼는 상황이었고, 사진작가는 이혼을 당한 처지였습니다.

　조용한 시골 농가의 부엌 식탁에서 이어진 대화로 두 사람은 가까워졌고, 마음에 상처를 가지고 사는 사람들이어서였는지 서로에게 강하게 끌렸습니다.

　다음날 두 사람은 새로운 세계를 본 것처럼 화려한 외출을 하게 되었습니다. 행복한 청춘 남녀처럼 말입니다. 나흘 후 집에 돌아와서 짐을 꾸리고 그 남자와 함께 떠나려는 부인은 이제 정말 사랑하는 사람을 만났다고 생각합니다. 이것이야말로 정말 무의미한 자신의 삶의 새로운 출발이라고.

그러나 그녀는 떠나지 못했습니다. 왜냐하면 남편과 자녀들을 버리고 자기만 행복할 수 없다는 이유였습니다. 사랑이란 감정 때문에 쉽게 이혼도 하고 재혼도 하며, 사랑하는 사람을 위하여 자녀들까지도 쉽게 내팽개칠 수 있는 미국인들이 볼 때 이 선택은 놀라운 것이었고, 그래서 이 책과 영화가 크게 히트할 수 있었습니다.

미국인들은 충격을 받았습니다.

"사랑보다 더 귀중한 것은 도덕이요, 윤리요, 책임이라더라…"

여주인공이 두 갈림길 사이에서 어쩌지 못하고 고민할 때 같이 고민했고, 울고 있을 때 같이 울었습니다. 극장을 나설 때 관객들은 눈이 벌겋게 충혈되어서 나왔습니다.

한국인으로서는 오히려 이것이 충격적입니다.

아무리 봐도 순간적인 감정으로 눈에 콩꺼풀이 씌운 중년 남녀의 철없는 탈선을 어떻게 사랑이라고 할 수 있는지, 그것도 한쪽은 부족함이 없는 가정을 가진 부인인데 말입니다.

"메디슨 카운티의 다리"는 자기 위주의 이기적인 생각과 감정이나 느낌을 중요하게 생각하는 이 시대의 문화적 표현이고, 두 문화 속에서 사는 우리들에게 사랑이 뭔지 행복이 뭔지를 오히려 헷갈리게 하는 작품입니다.


도널드 W. 맥컬로우는 가짜 행복에 대하여 말합니다.

첫째, 자신에게 만족스러운 느낌

둘째, 기분이 좋은 느낌

셋째, 자신 만만한 느낌

넷째, 뭔가 이룬 듯한 느낌

다섯째, 인간의 고통에 초연한 듯한 느낌

여섯째, 마음대로 해도 될 것 같은 느낌

일곱째 스트레스와 갈등이 없어진 느낌

여덟째, 세상의 인정을 받는 느낌

그리고 그는 이어서 말합니다.

"행복은 느낌이 아니라 하나님과 올바른 관계를 맺을 때 오는 마음의 상태이다."라고 말입니다.

# 그것이 인생이지요

톨스토이(Tolstoi Nikolaevich, 1828-1910년)는 러시아 출신의 세계적인 작가입니다. 다음은 그가 불교의 설화 중 「우물에 갇힌 나그네」를 인용하며 이것이 인생이라고 말한 내용입니다.

옛날 어떤 사람이 드넓은 광야를 걸어가고 있었습니다. 그런데 갑자기 엄청나게 큰 코끼리 한 마리가 그를 공격해 왔습니다. 그 사람은 정신없이 뛰어 도망가기 시작했으나 그 미친 코끼리는 끝장을 보려는 듯 추격을 멈추지 않았습니다. 그 사람은 피할 데라고는 없는 넓고 넓은 들판에서 어찌할 바를 모르고 쫓기다가 마침 앞에 우물이 하나 있기에 그 우물 속으로 뛰어들었습니다. 우물 안에는 등나무 넝쿨이 뻗어내려 있었으므로 그 줄기를 타고 밑으로 내려갔습니다. 이윽고 한숨을 돌린 후 밑을 보니 깊은 우물 바닥에는 새파랗게 독이 오른 독사 떼가 머리를 쳐들고 노려보고 있었습니다. 온 몸에 소름이 돋는 중에 우물 벽을 보니 거기에도 수많은 새끼 독사들이 혀를 날름거리고 있었습니다.

겨우 정신을 차리고 위를 보니 이번에는 흰 쥐와 검은 쥐가 그 사람이 매달린 등나무 줄기를 갉아먹고 있었습니다.

등나무 줄기가 끊어지면 우물 바닥에 떨어져 독사들의 밥이 될 것을 생각하니 온 몸이 오싹했습니다.

그 때 마침 우물 밖에서는 들불이 나서 온 대지가 불타기 시작했고, 그 불은 강풍을 따라 우물 속으로도 불꽃을 사르고 있었습니다. 나그네는 올라가지도, 내려가지도 못하고 줄에 매달려서 들쥐들이 줄을 갉아먹고 있는 것을 바라만 보고 있었습니다. 그 때 위에서부터 무슨 물 같은 액체가 떨어졌습니다. 무엇인가 하고 맛을 보니 그것은 꿀이었습니다.

그 꿀은 정말 맛있는 것이었습니다. 자신의 목숨이 경각에 달려 있음에도 불구하고 그는 그 꿀맛에 취하여 아득한 모든 공포를 모두 잊을 수 있었습니다.

그 때 갑자기 사방에서 벌들이 날아와서 줄에 매달린 그를 사정없이 쏘아댔습니다. 그것은 그가 잡은 줄을 거의 놓치게 할 만큼 큰 고통이었습니다.


이것은 인간의 생명에 대하여 설명하는 불교의 설화입니다.

넓은 광야를 걸어가는 나그네는 인생이고, 코끼리는 고통스럽게 하는 번뇌이고, 등나무 넝쿨은 생명줄입니다. 생명줄에 매달린 그를 노리는 독사는 죽음이고, 벽에 있는 새끼 독사들은 질병이며, 넝쿨 줄기를 갉아먹고 있는 흰쥐와 검은 쥐는 낮과 밤, 즉 시간을 의미합니다.

이렇게 한 시각이 다급한 때에 모든 것을 잊어버리게 하는 몇 방울의 꿀은 쾌락이고, 벌떼의 공격은 그 쾌락을 얻기 위하여 치르는 대가를 상징합니다.

짧다는 얘기지요. 그리고 그 짧은 인생을 정신 못차리고 흘려보내니 허무하다는 말입니다.

"그것은 인생"(C' est la vie)이라는 팝송은 이렇게 시작합니다.

Have your leaves all turned to brown?
당신의 인생의 나뭇잎이 모두 갈색으로 물들었나요?

Will you scatter them around you?
당신은 그것을 흩날려 버리려고 하나요?

C' est la vie.
그것이 인생이지요.


인생이 짧고 허무하다는 것은 성경에서도 가르칩니다.

아침 안개와도 같고, 아침에 자라다가 저녁에 베어 마르는 풀잎과 같고, 한번 내뱉는 한숨과도 같다고 말입니다.

"주께서 모든 인생을 어찌 그리 허무하게 창조하셨는지요"(시편 89편 47절).

이렇게 보면 철학이나 유행가나 성경이나, 사는 것이 허무하고 부질없다고 말하는 것은 다르지 않습니다.

그러나 성경이 다른 것은 그 허무한 인생을 사는 사람들에게 삶의 의미를 주기 때문입니다. 그것은 하나님의 영광을 드러내는 일이고, 그것을 위한 날짜가 얼마나 남았는지를 헤아리는 것이 지혜에 이르는 길이라고 말입니다. 나뭇잎이 흩날리는 가을의 모호한 허무함이 아니라 하나님을 위한 분명한 목적을 가지고 사는 삶, 그것이 인생(C' est la vie.)입니다.

# 자기 손을 잘라?

2003년 봄, 아론 랠스턴(27세)이란 청년의 이야기가 매스컴에 떠들썩하게 장식되었습니다. 그는 평범한 엔지니어였고, 등산을 무척 좋아하는 사람이었습니다.

좋아하는 정도가 지나치면 Mania라고 하는데 이 말은 그에게 적합한 말입니다. 왜냐하면 일반적으로 등산이란 별로 위험하지 않은 아기자기한 산길을 여럿이 어울려서 가볍게 즐기는 것을 떠올리기 때문입니다.

그러나 그는 위험한 지형에 오르기를 좋아했고, 그것도 혼자서 다녔기 때문에 단순한 취미의 경지를 넘어서는 것이었습니다. 그래서인지 매스컴에서는 그를 탐험가(explorer)라고 불렀습니다.

어쨌든 사건은 이렇습니다.

2003년 4월 26일, 그가 유타 주에 있는 블루 존이란 계곡을 등산할 때의 일입니다. 암벽등반의 묘미는 단단하고 밋밋한 바위에도 손가락이 들어갈 만한 틈새(Crack)가 있고, 그것을 이용하여 수직벽이나 역경사(Overhang)도 오를 수 있다는 것입니다.

그는 늘 하던대로 바위 사이를 능숙하게 올라가고 있었는데 갑자기 손가락을 집어넣은 바위가 내려앉는 바람에 바위 사이에 손이 끼이는 사고를 당했습니다. 온갖 방법으로 손을 빼내려고 했지만 허사였습니다. 참으로 난감한 일이었습니다. 별 수 없이 그렇게

3일을 버텼습니다. 가지고 온 물과 빵은 다 먹어버렸고, 손을 빼려
는 노력은 이미 소용이 없다는 것을 알았습니다.

아무도 그가 거기 있다는 것을 모를 뿐더러 지나가는 사람들이
쉽게 발견할 수 있는 지점도 아니었습니다. 설령 그의 실종을 알고
구조대를 보낸다고 하더라도 쉽게 찾을 수 있다는 생각도 안 들고,
찾아낸다고 하더라도 산 채로 발견될 확률은 없어 보였습니다.

그가 살아 돌아갈 유일한 방법은 손을 잘라내는 것이었습니다.

그렇게 고통스런 3일이 지나고 손목을 잘라내려고 칼로 찔러봤
습니다. 공포스러웠고 무척 아팠습니다. 스스로 자기 손을 잘라내
야 한다는 것이 쉬운 일도 아닐 뿐더러 칼도 무뎌서 하루를 더 지
냈습니다.

시간이 지나도 그가 선택할 수 있는 것은 두 가지 밖에 없었습
니다. 잘라내고 사느냐, 아니면 그대로 죽느냐……

그 때 그는 결심했습니다.

"팔을 잘라낼 힘이 남아 있을 때, 그리고 바위에서 손을 빼내고
나서도 구조를 받을 수 있는 곳까지 걸어갈 힘이 있을 때 결정을
하자!"

그는 먼저 배낭에서 옷가지를 꺼내 상처를 동여맬 준비를 했습
니다. 그 다음 있는 힘을 다해 팔을 비틀었습니다. 바위 틈에서 뼈
가 부러지는 소리가 들렸습니다. 그 다음에 이를 악물고 팔목을 잘
라내기 시작했습니다. 등산용 플래시를 살 때 공짜로 얹어 준 무딘
칼로 손목을 완전히 잘라내는 데는 한 시간이 걸렸습니다.

상처로 인한 통증은 엄청났지만 주저앉아 있을 여유는 없었습
니다. 잘려나간 한 손을 싸매고 한 손으로 바위를 타고 내려가 6마

일쯤 걷다가 마침내 등산객을 만나 구조되었습니다.

"나는 특별히 용기가 있었던 게 아니다. 살아남기 위해서는 다른 선택이 없었다."

랜스턴과 같은 특별한 상황이 늘 찾아오는 것은 아닙니다. 그러나 신앙적으로 보면 이것은 우리 삶에 매일 매순간 있는 일입니다. 영적으로 살아남기 위해서 말입니다.

"만일 네 오른 눈이 너로 실족케 하거든 빼어 내버리라 네 백체 중 하나가 없어지고 온 몸이 지옥에 던지우지 않는 것이 유익하며 또한 만일 네 오른손이 너로 실족케 하거든 찍어 내버리라 네 백체 중 하나가 없어지고 온 몸이 지옥에 던지우지 않는 것이 유익하니라"(마태복음 5장 29–30절).

# 하나님의 임재 연습

　로렌스 형제로 알려진 니콜라스 헤르만(1611~1691년)은 프랑스인 수도사입니다. 그가 유명한 것은 『하나님의 임재 연습』이란 작은 책 때문인데 그 책을 통해서 그의 신앙과 삶을 읽을 수 있습니다.

　그는 어릴 때 경건한 부모 밑에서 교육을 받았고, 장성해서는 운동선수 생활을 하다가, 군대에서 복무한 그저 평범한 사람이었습니다. 그런 그가 한평생을 수도원에 살면서 하나님께 가까이 가고자 했던 것은 젊은 날의 특별한 경험 때문입니다.

　그가 열여덟 살 되던 어느 겨울날, 그는 한 그루의 나목裸木을 보면서 지금은 이 나무에 아무 것도 남아있지 않지만 머지않아 잎 사귀가 다시 돋아날 것이고, 그 후에는 꽃이 피고 열매도 맺을 것이라고 생각합니다.

　그는 그것을 통해서 하나님의 섭리와 능력에 대하여 깊은 감동을 받았고, 그 때 그 감동으로 인해 일평생 세상을 등지고 하나님과 동행할 수 있었다고 합니다.

　잎이 다 떨어진 겨울나무가 봄이 되면 다시 살아나는 것이 뭐 그리 대단한 일이겠습니까? 보통 사람이 볼 때는 아주 평범한 것인데 그에게는 특별한 경험이 되었으니 신앙이란 특별한 깨달음인 것 같습니다. 어쨌든 그는 이후에 갈멜 수도회에 들어가 80평생을 평신도 수도사로 살다 죽었습니다.

　이 사람의 관심은 영적으로 하나님께 더 가까이 나아가는 것이었습니다. 어떻게 하면 하나님과 깊은 영적인 교제를 나눌 수 있는가? 어떻게 하면 신령한 삶을 살 수 있는가? 하는 것에 집중하면서 말입니다.

그는 수도원에 들어가 15년 동안 주방에서 일하였고, 그 뒤에는 신발 수선실에서 수도사들의 신발을 수선하는 일을 했습니다.

그러나 그는 그런 일상의 생활에서 영적인 충만과 희열을 느끼며 살았습니다.

그는 친구 조셉 뷰포르(Joseph De Beaufort)에게 "영적인 생활이란 것은 하나부터 열까지 모두 다 하나님의 임재에 대한 연습이다. 기도 시간을 다른 시간들과 특별하게 다르다고 생각하는 것이야말로 중대한 과오이다."라고 말했습니다. 또 "경건의 시간에 드리는 기도가 우리를 하나님과 연합되게 한다면 그만큼 평범한 일상 속에서 만나는 모든 다른 활동들도 우리를 하나님과 하나되게 해야만 한다."고도 했고요.

놀랍고 특이하지 않습니까? 하나님과 대화하기 위한 가장 효과적인 방법이 꼭 기도 시간이 아니더라도 일상의 생활 속에서 가능하다는 것 말입니다. 그는 그것을 '하나님의 임재 연습'이라고 했습니다.

엉뚱한 생각을 해 봅니다. 만일 로렌스 형제와 같이 한평생 수도하며 하나님의 임재를 경험했다는 사람을 초대해서 말씀을 듣는다면 그는 무슨 말을 할까요? 또 우리들의 질문은 어디에 초점을 두게 될까요?

우리가 기도하며 하나님의 뜻을 살핀다고 하지만 답답한 때가 많은 게 사실입니다. 어떻게 하면 하나님의 뜻을 알 수 있을까요?

다음은 5만 번 기도응답을 받았다는 조지 뮬러의 말입니다. 하나님의 뜻을 분별하는 데 도움이 되기를 바라며 적어봅니다.

첫째, 어떤 문제가 있을 때 나의 의사가 없도록 마음을 비운다.

둘째, 결과에 나의 감정과 이상을 개입시키지 않는다.

셋째, 성령이 나를 인도하시려는 방향을 깨달으려고 노력한다.

넷째, 주변 상황을 고려한다. 종종 상황과 말씀과 성령이 서로 연결하여 하나님의 뜻을 보여 준다.

다섯째, 기도 가운데 하나님의 뜻을 보여 주기를 간구한다.

여섯째, 앞서 말한 과정으로 기도하고 성경말씀을 묵상하고 심사숙고하여 내린 결론을 따라 행한다. 이 때 마음에 평안이 따르면 두세 번 더 기도한 다음 진행한다.

# 모든 것이 헛되도다

　조선시대 사람으로 숙종 임금 때 대제학 벼슬에 오른 김만중은 효성이 지극한 사람이었습니다. 태어날 때 유복자로 태어나서 더욱 그러했으리라 생각됩니다만 어쨌든 늙으신 홀어머니를 위로하기 위하여 유배지에서 지었다는 소설 「구운몽」은 유명합니다.

　소설의 내용은 이렇습니다.

　옛날 유명한 고승 육관대사에게는 300여 명의 제자가 있었는데 그 중에 성진性眞이란 수제자는 매우 총명한 사람이었습니다.

　도를 닦은 지 10년쯤 되는 어느 날, 그 스승이 용왕님께 심부름을 보내 그 일을 마치고 돌아올 때였습니다.

　용왕님이 성진을 마지막으로 대접하는 자리에서 술을 강권하여 부득불 석 잔을 마시고 떠났는데 오는 도중 술기운으로 얼굴이 달아올라 냇물에서 세수를 하게 되었습니다. 그런데 문득 어디서 너무 귀한 향기가 나서 냇물을 따라가 보니 여덟 명의 선녀가 걸어오는 것이었습니다.

　그는 냇물에 놓인 돌다리에서 그들과 마주쳤는데 다리가 좁아서로 통과할 수 없었습니다. 서로 비켜달라고 몇 마디 대화를 하던 중에 성진은 복숭아나무 가지를 꺾어서 선녀 앞에 던졌습니다.

　그랬더니 복숭아 꽃 여덟 송이가 구슬로 변하였고, 여덟 선녀는 그 구슬을 하나씩 가지고 하늘로 올라가 버렸습니다.

　절에 돌아간 성진은 그 여덟 선녀를 잊지 못하여 파계破戒까지 결심합니다.

이에 스승 육관대사의 노여움을 산 성진은 어린 아이로 다시 태어났고, 그 선녀들도 모두 인간으로 다시 태어나게 되었습니다.

그 아이는 총명하게 자라 과거에 장원급제하였고, 한림학사에 이르러 최고의 벼슬인 승상의 자리에 올라 부귀영화를 누리게 되었습니다. 그런데 기묘하게도 전생에 외나무다리에서 만났던 그 여덟 여자를 모두 아내로 맞이했습니다.

참으로 행복하게 살던 어느 날 두 부인과 여섯 첩을 대동하고 높은 산 정자에 올라가서 경치를 내려다보며 퉁소를 불고 노는데 어떤 중이 다가왔습니다.

웬 초라한 탁발승인가 하고 무심하게 바라보는데 그 중이 지팡이로 정자 난간을 두 번 두드리자 순식간에 "펑!" 소리와 함께 지진이 나고 구름이 그 정자를 덮어 버렸습니다. 정신을 차리고 보니 그 중도, 여덟 명의 부인들도, 그리고 정자도 간 곳이 없었습니다.

그것은 성진이 작은 암자에서 누더기 승복을 입은 채 방석을 깔고 자다가 꾼 꿈이었습니다. 그의 스승이 그를 깨우쳐 주기 위해서 하룻밤 꿈을 꾸게 한 것이었습니다.

'하룻밤의 꿈, 일장춘몽' 一場春夢은 그렇게 만들어진 말입니다.

소설은 성진이 허망한 꿈으로 크게 깨닫고 불도에 정진하다가 극락에 갔다고 말하고 끝맺습니다.

「구운몽」은 이같이 인생이 무상하고 허무하다는 식의 불교와 도교가 혼합된 이야기입니다.

저자 김만중은 일단의 정치적 사건으로 15년 동안 유배지에서 귀양살이를 하면서 출세와 좌절을 충분히 맛보았기에 이같은 다소 황당하고 허무한 이야기를 창작할 수 있었을 것입니다.

선비로서 가장 고귀하고 최고의 위치인 대제학을 지낸 사람이 하루아침에 초라하게 귀양살이하는 처지가 되었다면 그 충격이 얼마나 컸겠습니까?

이 주제의 교훈은 서양에서도 마찬가지입니다.

멘델스존에 의해 노래로도 만들어진 셰익스피어의 「한여름 밤의 꿈」에서, 그리고 솔베이지 노래가 유명한 입센의 「페르귄트」에서도 인생이 일장춘몽인 것을 가르칩니다. 그러나 사람들은 인생이 그렇게 빨리 흘러간다는 것을 잘 인식하지 못하고 사는 것 같습니다.

"헛되고 헛되며 헛되고 헛되니 모든 것이 헛되도다 사람이 해 아래서 수고하는 모든 수고가 자기에게 무엇이 유익한고"(전도서 1장 1−2절).

# 오늘날의 유태인

　　구약 성경 이야기는 아브라함으로 비롯된 히브리 민족의 역사가 뼈대를 이룹니다. 그들이 나타나기 전에 이미 거대한 세력을 이루었던 민족도 여럿 있었습니다만 소수의 떠돌이 부족에 불과했던 히브리인들이 그 강대한 국가들 사이에서 어떻게 생존하며 명맥을 이어갔는지 놀랍기만 합니다.

　　구약 성경은 한 민족을 통해서 하나님의 언약과 구원을 가르치고 있지만, 그들의 역사는 예수 그리스도의 오심과 사역 이후에는 별로 주목받지 못합니다.

　　주후 70년, 로마에 의해서 유대 나라가 완전히 파괴되고 난 뒤 1948년에 다시 유대 땅에 히브리인들의 나라 이스라엘이 세워지기까지 장장 1,900년 가량의 역사는 그들에게 말할 수 없는 고난과 슬픔의 기간이었습니다. 그들의 땅은 이민족들에 의해서 통치되었고 그들은 세계 각처로 흩어졌으며 생존을 위해 처절하게 살 수밖에 없었습니다.

　　여러 가지 유태인 이야기 중에서 오늘날 우리와 같은 시대를 사는 현대 유태인들에 대하여 살펴보려고 합니다.

　　왜냐하면 유태인의 실체에 대하여 편견이나 오해가 적지 않기 때문입니다. 세계를 움직이는 권력 배후에 돈 많은 누구누구가 있고, 학자 중에 누구, 예술가 중에 누구 하는 식으로 감탄을 한다든지, 그들만이 전수하는 특수한 교육 비법이 있다든지 하면서 그들은 다 잘살고 다 똑똑하다고 쓸데없이 기죽을 필요는 없습니다. 그들도 우리와 같은 사람이고 신앙도 긴 역사만큼 다양합니다.

보통 유태인은 다음의 네 종류로 나눕니다.

첫째는 정통 유태인(Orthodox Jewish)입니다. 이들은 전체 유태인 중 약 21%에 해당하는 사람들로 구약 성경을 해석한 성경 주석인 탈무드를 고집스럽게 실천하는 보수적인 사람들입니다. 이들은 구약 시대와 마찬가지로 안식일에 노동을 하지 않으며, 회당에 걸어가기 위해서 가까운 곳에 살고, 코셜(Kosher, 구약의 정결법에 따라 랍비가 인정한 음식)을 먹습니다.

토요일에 West LA의 유태인들이 모여 사는 동네에 가면 검은 코트에 중절모자를 쓰고 회당에 걸어가는 그들을 쉽게 만날 수 있습니다.

둘째는 개혁파 유태인(Reformed Jewish)입니다. 약 39%의 사람들로 주로 1850년 독일에서 살다가 미국에 정착한 사람들입니다. 이들은 유대주의 사상에 합리주의와 자유주의를 접목시켰습니다. 회당에는 차를 타고 가고, 성경은 히브리어 성경뿐 아니라 영어 성경도 자유로이 사용합니다. 남녀가 평등하다고 보고 여성도 성직자가 될 수 있습니다.

셋째는 보수파 유태인(Conservative Jewish)입니다. 약 33%의 유태인이며 이들은 정통 유태인들과 개혁파 유태인의 중간이라고 보면 됩니다. 미국적 합리주의에 가까우면서도 율법을 최대한으로 지키려고 합니다.

넷째는 재건파 유태인(Reconstruction)입니다. 많지 않은 소수(3%)로 거의 유태인 같지 않은 부류입니다. 유대교를 진화 및 과학적인 분석에 의해 이해하려고 하니까요. 이들은 성경에서 말하는 기적이나 사후 세계를 부정합니다. 유대교를 다만 윤리 도덕적으로만 이해하며 따라서 예배보다는 사회개혁운동 등에 더 중점을 둡니다. 그러나 한 가지 중요한 특징이 있습니다.

이들이 민족적으로 수백 년 동안 여러 국가를 떠돌면서 얻은 지혜이겠습니다만 그들 상호간에 신앙의 밀도가 다르고 거의 남의 나라 사람과 같은 배경을 가졌음에도 불구하고 유대 민족으로서의 교육과 봉사 활동에 서로 협조하는 것입니다.

회당은 예배를 드리는 장소일 뿐만 아니라 유대교 전통과 문화를 전수하고, 이민자들에게 정착에 필요한 실제적인 도움을 주는 삶의 중심이 되어왔습니다.

1917년에 세워진 '유태인 복지 위원회'(Jewish Welfare Board)는 전국적인 네트워크를 가진 단체이고, '연합 유태인 공동체'(United Jewish Community)는 구 소련 붕괴 후 밀려들어오는 유태인들을 각 종파에 속한 회당 학교에 배치해 히브리어와 영어를 가르쳐서 새로운 삶에 적응하도록 했는데 그에 따른 막대한 모든 재정을 부담한 것은 물론입니다.

민족이라는 이름으로 신앙까지도 넘어서는 결속력과, 더불어 사는 지혜가 아름답습니다.

# 양 도둑질

윌리엄 채드윅(William H. Chadwick) 목사는 『양 도둑질』(Stealing Sheep, 2001년)이란 책을 썼습니다.

그는 미국 동부에 있는 고든 콘웰 신학교와 서부의 풀러 신학교를 졸업하면서 '교회 성장학'을 연구했고, 동부 뉴햄프셔에서 목회를 시작했습니다.

교회가 커지는 데는 두 가지 방법이 있습니다. 하나는 '회심 성장'(conversion growth, 불신자 전도를 통한 교회 성장)으로 믿지 않는 사람을 전도해서 교회가 성장하는 것입니다. 그들이 헌금이나 헌신을 하거나 사역할만한 달란트를 갖추기까지는 오랜 시간이 필요합니다.

또 하나의 방법은 '수평이동 성장'(transfer growth, 교인들의 이동을 통한 교회 성장)입니다. 이것은 이미 다른 교회에 다니고 있는 사람들을 모아서 교회가 커지는 것입니다. 잘 준비된 자원들을 손쉽게 모으는 것으로 처음부터 이웃 교회의 이미 믿는 성도들을 교회 성장의 타깃으로 삼는 것입니다.

윌리엄 채드윅은 교회 성장학을 통해서 교회를 수적으로 부흥시켰는데 그들의 대부분이 이미 믿는 이웃 교회의 교인들이었습니다. 그는 아무런 죄책감도 느끼지 못하다가 수년 후에 반대의 경험을 하게 되었습니다. 같은 원리 의해서 그의 교회 교인들이 떠나버린 것입니다. 그는 크게 좌절하는 중에 교회 성장의 원리와 기술이 얼마나 허황된 것인가를 깨닫고 수평이동 성장의 폐해와 대안을 연구하기 시작하였습니다. 그리고는 메인주 포틀랜드에 있는 스트라우드워터 교회(Stroudwater Christian Church)에서 목회하면서 이웃 교회들과 연대하여 '수평이동성장 거부운동'을 10년째 펼치고 있습니다.

그가 말하는 수평이동성장, 다른 말로 양 도둑질(Stealing Sheep)의 파괴력은 다음과 같습니다.

첫째, 교회를 불구로 만듦

양 도둑질은 교인의 수평이동으로 작은 교회들을 죽이거나, 이들의 선교 참여 능력을 영원히 빼앗아 버림으로써 잠재적으로 작은 교회들의 건강에 큰 영향을 미칠 수 있다.

둘째, 교회 지도자들을 죽임

수평이동성장은 교회 지도자들에게 사역의 비전과 열정과 사랑을 빼앗아 버림으로써 그들을 죽음으로 내몰 수 있다.

셋째, 에큐메니칼 정신의 실종

수평이동성장은 하나님의 나라에 대한 에큐메니칼 정신(교회연합과 연대의 정신)의 실종을 초래하여 복음 전파의 연합 전선에 분노와 불신을 가져다준다.

넷째, 성경적 도덕성 상실

다른 교회들을 희생시키면서까지 자신의 교회를 성장시키려는 욕망은 교회성장 운동에서 비윤리적 방법과 기준을 조장한다.

다섯째, 갈등의 부인

수평이동성장은 갈등에 직면한 사람들이 쉽게 교회를 옮기도록 부추긴다. 회피를 통해 갈등을 해결하려고 할 때 교회는 많은 부정적인 영향으로 고통 받게 된다.

여섯째, 약해지는 전도 정신

회심 성장은 힘이 들고 시간과 헌신, 공격과 거절의 위협을 감수할 것을 요구한다. 이와는 반대로 수평이동성장은 쉽다. 복음주의 교회가 수평이동에 맛들임에 따라 현장 전도를 포기하고 교회의 프로그램을 수평이동을 전문화하는 쪽으로 전향한다.

일곱째, 약한 기초

수평이동성장은 약한 성장이다. 교회를 떠나 다른 교회로 가는 사람들은 정서적, 영적 짐을 잔뜩 지고 가기 때문에 그 교회에 부담과 불화의 요인이 될 수 있다.

자기 교회가 커지는 것이 싫은 사람이 어디 있겠습니까마는 그것이 이웃 교회 목사님과 성도들에게 분노와 슬픔을 주는 양 도둑질에 의해서 된 것이라면 하나님 나라의 확장이라는 관점에서 무슨 가치가 있겠습니까?

윌리엄 채드윅 목사님이 이것을 고발하면서 인용한 성구는 사무엘하 12장, 나단 선지자가 다윗 왕을 책망하면서 가난한 사람이 가진 한 마리 양을 빼앗는 내용입니다. 악한 행위보다 그것을 깨닫지 못하고 있다는 것이 더 분통터지는 일 아닌가요?

# 이상한 영생

석가모니는 사문유관四門遊觀을 통해서 인간의 근원적인 고통을 보았습니다.

그는 나이 많은 노인이 지팡이를 짚은 채 숨차게 걷는 것을 보고 늙는다는 것을, 피골이 상접한 병자가 가쁜 숨을 몰아쉬는 것을 보고 병든다는 것을, 이어 장례 행렬에서 유족들이 슬피 울며 따라가는 것을 보고 죽는다는 것을 깨닫고 무상한 생각에 출가를 결심합니다. 늙지도 않고, 병들지도 않고, 죽지도 않는다면 인간에게 무슨 고통이 있겠습니까! 그런데, 과연 그럴까요?

"터크씨 가족의 영생 이야기"(Tuck Everlasting, Natalie Babbitt 원작, 디즈니 영화라서 가족들과 다같이 볼만함)는 이 질문에 대하여 어느 정도 해답을 줍니다.

영화는 이렇습니다. 장소는 미국, 시대는 남북전쟁 전후, 성이 Tuck인 어느 가족이 외딴 산골에 살고 있었는데 가족은 엄마 아빠 그리고 다 자란 두 아들이 있었습니다.

어느 날 온 가족이 깊은 산에 갔다가 우연히 마시면 늙지도 않고 죽지도 않는 마법의 샘물을 마시게 되었습니다. 말도 안되는 소설 속의 가정이지만 그래도 이 현실성 없는 이야기의 다음 전개가 많은 생각을 하게 합니다.

그들은 더 이상 늙지 않았습니다. 큰아들은 적당한 여자를 아

내로 맞아 아이를 낳고 살았습니다. 시간이 지나도 늙지 않는 남편
과 시댁 식구들을 보며 아내는 결국 아이를 데리고 떠납니다. 샘물
의 비밀을 모르니 그들을 마법에 영혼을 판 사람들이라고 말하면
서 말입니다.

늙지 않는 것은 불행이었습니다.

얼마 후 그 큰 아들은 남북전쟁에 참전했지만 살아서 돌아옵니
다. 총을 맞아도 샘물을 마신 덕에 결코 죽을 수 없기 때문이었습
니다. 그들은 여전히 샘물의 비밀을 간직한 채 드러내지 않고 살았
습니다.

어느 날 그들이 살고 있는 산의 주인 딸이 길을 잃고 산을 헤매
다가 그 샘물에 오게 되었고, 거기서 둘째 아들이 그 마법의 샘물
을 마시는 현장을 목격했습니다.

둘째는 그녀를 돌려보내려 했지만 큰아들은 강제로 집에 데려
왔고, Tuck 가족은 어정쩡하게 그녀와 함께 지내게 되었습니다.
그녀의 집에서는 난리가 났고요.

그러나 그 사이 이야기는 소설답게 소녀와 둘째 아들이 사랑하
는 사이가 됩니다. 13세의 소녀와 17세 소년의 러브스토리가 시작
되지만, 그러나 소년의 실제 나이는 104세입니다. 17세 때 샘물을
마시고 늙는 것이 중지된 지 87년 되었기 때문입니다.

Tuck 가족은 소녀에게 비밀을 자세히 말했고, 죽지 않는 것이
얼마나 고통스러운지를 알려 주었습니다.

큰아들은, 자기 부인이 늙어서 이미 죽었고, 그의 어린 딸이 80
세 노인이 되었다고 했습니다. 자신은 아직 결혼할 당시의 청년인
데 말입니다.

이제 소녀를 돌려보내고 그 마을을 떠나려는 Tuck 가족에게 샘물의 비밀을 아는 사나이가 나타납니다. 할머니에게 어렴풋하게 들었다고 하는 걸 보니 큰아들의 손자인 것 같습니다.

그는 샘 위치를 알려달라고 소녀를 인질로 삼았고, Tuck 부인은 소녀를 구하려다 실수로 그를 죽입니다. 소녀를 위한 추격대에 체포된 Tuck 가족은 납치와 살인 혐의로 교수형이 언도되었지만, 바로 전날 밤 용케 탈출하여 멀리 떠나버립니다.

소녀는 다시 그 산속의 마법의 샘물 앞에 섭니다. 마실 것인가 안 마실 것인가 심각하게 생각하며 망설입니다. 그러나 사랑했던 할머니의 죽음을 통해 이별의 아픔을 경험한 소녀는 샘물을 마시지 않는 쪽을 선택합니다.

아프지도 않고 죽지도 않는다는 것이 인간의 원초적인 바램인데 그들은 '죽지 못해 사는' 것 같네요. 물론 성경이 말씀하는 영생과는 한참 멀고요.

# 남부럽지 않은 집

　　돈을 원 없이 많이 벌어서 만족할만한 집을 짓는다면 얼마나 크고, 얼마나 화려할 수 있을까요? 국가적인 규모의 궁전이나 공공건물이 아니라 개인 주택으로서 말입니다.

　　원 없이 돈을 번다는 것도 쉽지 않은 일이고, 자기 마음에 드는 크고 화려한 집을 짓는다는 것도 쉽지 않습니다만 그 꿈을 이룬 사람이 있습니다.

　　캐나다 토론토에 있는 까사로마(house of the hill)를 지은 헨리 펠랏 경(Sir Henry Pellatt)이 그 사람입니다.

　　이 사람은 캐나다 온타리오 주 태생으로 남다른 재능과 능력이 있었던 사람입니다.

　　증권거래인이었던 아버지 밑에서 돈 버는 방법을 배운 그는 약관 30세에 회사를 세웠습니다. 그가 만든 회사는 에디슨이 발명한 증기 발전기의 엄청난 위력에 자극을 받아 세운 나이아가라 폭포 수력발전소(Toronto Electric Light Company, 1883년)입니다.

　　그는 거기서 엄청난 돈을 벌었고, 당시 아무도 관심을 갖지 않는 철도회사(Canadian Pacific Railroad) 등에 투자를 해서 거부가 되었습니다. 그는 돈 버는 데 있어 총명했고, 기회도 좋아서 마치 '마이다스의 손'을 가진 사람처럼 기업을 일으켰는데 1901년, 불과 42세의 나이에 21개의 회사를 가질 수 있었습니다.

이제 원 없이 돈을 번 이야기에 이어 원 없이 크고 화려한 집을 짓는 이야기를 이어가려고 합니다.

그는 젊은 나이에 유럽을 여행하면서 귀족의 문화를 경험하고, 유럽의 건축양식과 예술작품에 눈을 떴습니다. 그것은 까사로마를 건축하게 된 직접적인 계기가 되었습니다.

까사로마는 3년 동안 300여 명이 동원되어 지어졌는데 당시 가격으로 350만 달러가 들었습니다. 물론 최고의 장인들이 최고의 재료를 사용해서 말입니다.

까사로마는 5에이커의 넓은 정원에 지상 4층 지하 1층의 석조 건물인데 방이 98개나 됩니다. 건물 내부 구조는 영국의 윈저 성을 모방했고, 건물 외벽은 스코틀랜드에서 가져온 석재를 썼으며, 건물 내부는 이탈리아 대리석과 티크를 썼습니다. 그의 옷장은 마호가니와 호두나무로 장식되었고, 욕조는 당시 가격으로 1만 달러하는 White Carrara Marble을 썼는데 그 화려함과 고급스러움은 직접 보기 전에는 설명이 불가능합니다. 심지어 말들이 있는 외양간이나 마굿간도 허름한 재료를 사용하거나 대충 망치질한 흔적을 찾을 수 없습니다.

그는 여러 마리의 종자 좋은 말을 가지고 있었는데 각각의 말에 이름을 지어주었고, 그 말들의 이름을 마호가니 명패에 금으로 글자를 새겨 각각의 입구에 놓았습니다.

그는 40여 명의 하인을 두고 왕이 부럽지 않은 호사를 누렸습니다. 그러나 10년 만에 그곳을 떠나야만 했습니다. 1차 세계대전의 영향으로 경기는 나빠지고, 그의 주거래 은행인 Home Bank of Canada가 파산했기 때문입니다.

체납되는 세금, 40명이나 되는 하인들의 월급, 엄청난 유지비… 결국 어쩔 수 없이 그 집을 버릴 수밖에 없었습니다.

그와 그의 가족은 Kings Township에 있는 그들의 농장으로 이사를 가야 했습니다. 물론 농장이라고 해도 보통 사람들이 엄두도 못내는 특별한 별장이겠습니다만.

이사한지 얼마 안 되어 그의 아내 Maria Pellatt은 상대적 박탈감 때문인가요? 심장마비로 죽었습니다.

까사로마를 보면서 비록 작은 것이라도 감사함으로 누리며 만족하는 것이 행복이라는 것을 깨닫습니다.

남부럽지 않게 가지고 이룬 사람들이 투신자살하는 세태를 보면서 무엇이 아직도 부족해서 그렇게 헛되이 목숨을 버리는지 안타깝기만 합니다.

# 미얀마의 선교사

　현재 세계에서 가장 많은 선교사를 파송하는 나라는 미국입니다. 미국이 여러 가지 면에서 부정적인 모습을 가졌지만 청교도 정신으로 세워진 나라의 저력을 봅니다.

　미국 최초의 해외 선교사로 진정한 헌신을 보여준 이는 미얀마(예전 이름은 버마)에서 38년 동안 사역한 아도니람 저드슨(Adoniram Judson, 1788-1850년)입니다.


　그는 미국 동부 메사추세츠 출신으로 목사의 가정에서 태어났습니다. 남달리 총명해서 대학을 3년 만에, 그것도 수석으로 졸업했고, 엔도버 신학교에서 신학 과정을 마쳤을 때 그에게는 저명한 교회 목회자의 사역이 기다리고 있었습니다.

　그러나 그는 비교적 안정된 사역을 뒤로한 채 강한 선교의 열정으로 미지의 세계를 향하여 나아갔습니다.

　1812년 그가 선교사로 떠날 때 그의 옆에는 결혼한 지 7일 된 아내 앤(Ann Haseltine Judson)이 있었습니다.

　4개월의 항해 끝에 도착한 곳은 인도, 그는 인도의 힌두교인들을 선교의 대상으로 생각하고 있었습니다. 그러나 당시 실권을 가진 동인도 회사의 반대로 인도를 떠날 수밖에 없었고, 부득이 그가 탄 배는 미얀마 랭군으로 갔습니다. 1813년의 일입니다.

　선교사가 사역하려고 애쓰는 것이 모두 막히고 그래서 어쩔 수 없이 간 것 같으나 거기에는 미얀마를 향한 엄청난 하나님의 계획이 있었습니다.

그가 38년 동안 미얀마에서 했던 사역은 견디기 어려운 시련의 연속이었습니다. 영어를 아는 사람이 한 사람도 없었고, 열대 열병의 위험과 정부 차원의 박해를 당해야 했습니다. 미얀마 언어를 배우기 위하여 하루 12시간씩 매달려야 했는데 세계에서 중국어 다음으로 어렵다는 언어를 정복하기까지 그가 얼마나 노력해야 했는지 짐작할 수 있습니다.

평생을 걸친 그의 노력은 최초의 미얀마 영어 사전과 신구약 성경 번역으로 결실되었습니다.

또, 당시는 유럽 열강들이 식민지 만들어 수탈하는 때였는데 미얀마 정부는 그를 영국 간첩으로 몰아 21개월 동안 더러운 감옥에서 고초를 겪게 했습니다. 선교 사역은커녕 족쇄를 차고 죄수가 된 모습이 가련합니다.

열대의 비위생적인 기후로 그는 미얀마에 도착한지 8개월 만에 열병으로 첫 아이를 잃었습니다. 억울한 옥살이를 마치고 나온 후 그의 아내가 죽었습니다. 역시 열병이었습니다. 아내가 죽은 후 그는 둘째 아이를 젖동냥으로 키웠는데 그 아이 역시 열병으로 죽었습니다. 그는 슬픔과 죄책감으로 2년 동안 사람을 만나지 않고 정글 깊은 곳에서 좌절해야 했습니다.

그는 선교사의 아내였다가 혼자된 사라 보어드맨과 재혼했고, 여덟 명의 자녀를 낳았으나 결혼 11년 만에 또 아내를 잃었고, 그 자녀들 중에도 셋을 잃었습니다.

세 번째 결혼은 젊은 작가 에밀리 첩보크와 했는데 그들은 불과 3년 동안 미얀마에서 함께 사역했습니다. 왜냐하면 아도니람 저드슨 선교사가 몸에 병이 들어 치료를 받으러 가다가 배에서 죽었기 때문입니다. 그리고 그의 세 번째 아내도 미국에 돌아온 후 3년 만에 죽었습니다.

그들의 험난한 삶이 현장에서는 어떠했을까 상상하는 것도, 비교하는 것도 쉽지 않습니다. 풍요롭고 안정된 삶을 원치 않는 사람이 어디 있겠습니까!

무더위와 불황이 계속되어 마음이 무겁지만 열대의 밀림에서 부귀나 장수와는 거리가 먼 굴곡진 삶을 산 이들의 헌신적인 희생을 보면서 감사와 행복을 깨닫습니다.

# 피그말리온 효과

'피그말리온 효과'(Pygmalion Effect)는 심리학 용어로 그리스 신화에서 나왔습니다.

피그말리온이란 이름을 가진 조각가는 젊은 시절 여성들에게서 너무 많은 결점을 보았고, 그래서 결국 여성을 혐오하게 된 불행한 사람입니다.

한번은 상아로 젊은 여자를 조각하게 되었는데 완성하고 보니 마치 살아있는 여자와 같아서 자기 스스로도 놀랐습니다. 자기 작품이지만 너무 완벽해서 정말 살아있는 것이 아닌가 하고 착각하기도 했고, 그래서 마치 산 사람에게 하듯 말도 건네고 선물도 줍니다. 보석 반지나 진주 목걸이를 끼워주기도 하고, 예쁜 옷을 입혀주기도 했습니다. 그러나 아무리 살아있는 사람에게 대하듯 하고 사랑을 주어도 그것은 단지 차갑고 딱딱한 상아 조각일 뿐이었습니다.

얼마 후 그는 사랑의 신 아프로디테 앞에서 그 상아 조각과 같은 아내를 달라고 간절하게 고백하게 되었고, 집에 돌아와서 상아 조각을 보니 정말 살아있는 사람과 같아 보였습니다. 손을 만지니 부드럽고 따뜻했습니다. 피부를 쓰다듬다가 손가락으로 누르면 들어가고 손을 떼면 원 상태가 되었습니다.

그는 놀라움 가운데 상아 조각에게 입 맞추니 상아 조각은 얼굴을 살짝 붉히는 사람이 되었다는 이야기입니다.

가능성을 발견하고 잘 할 것이라고 기대하면 상대방은 그 기대를 맞추기 위해서 노력하게 되고, 부정적인 생각을 가지고 보면 부정적인 행동만 하게 되는 현상을 심리학에서는 '피그말리온 효과'(Pygmalion Effect)라고 합니다.

긍정적으로 기대하면 그 기대에 부응하는 결과가 나오고 부정적인 예단을 가지고 보면 문제된 행동만 나온다는 것이지요.

이 심리학 이론을 실험으로 증명한 사람은 이스라엘 텔아비브 대학의 에덴 교수입니다.

그는 훈련받는 군인 104명을 무작위로 '우수', '보통', '미확인' 등의 등급을 매겨서 교관들에게 통보하였습니다. 물론 교관들에게는 선정 과정을 말하지 않았습니다.

교육 과정이 끝난 후 훈련생들을 평가한 결과를 보니 놀랍게도 처음에 '우수' 등급을 받았던 사람은 정말로 다른 등급을 받은 사람들보다 성적이 월등히 높았습니다.

이것은 교관들이 우수 등급이 매겨진 사람에게 높은 기대치를 갖게 되었고, 훈련생은 그 기대에 부응하기 위해 스스로 분발했기 때문이었습니다.

영국 극작가 버나드 쇼(1856-1950년)는 희곡 「피그말리온」을 만들었고, 여기서 뮤지컬 "My Fair Lady"가 만들어졌습니다. 이 작품은 뉴욕에서 초연된 이후 2,717회 동안 이어 공연되는 대성공을 거두었고, 오드리 헵번을 주연으로 만들어진 영화 "My Fair Lady"는 아카데미 작품상을 수상하기도 했습니다.

영화는 말의 억양으로 사회적 신분을 구분하던 영국에서 음성학을 전공한 학자가 길에서 꽃을 파는 가난한 주인공 처녀를 교육과 훈련을 통해 기품 있는 여자로 바꾸어 놓는다는 이야기입니다.

도저히 교정될 것 같지 않은 사투리와 천박한 어투도 기대를 갖고 가르치면 상류층 귀부인과 같이 될 수 있다는 일종의 학문적 실험 성공사례인데 이런 점에서 '피그말리온 효과'는 교육학적 이론이기도 합니다.

군인이든, 촌뜨기든 기대를 갖고 가르치면 정말 그렇게 될 수 있다는 이야기는 성경에도 있습니다.

별 볼일 없는 갈릴리 시골 사람 열둘을 3년 동안 가르쳐서 오늘의 교회를 세우신 예수님은 누구보다도 '피그말리온 효과'를 잘 아는 분인 것 같습니다.

그 주님이 지금 우리를 바라보십니다.

# 싸구려 루이지애나

러슈모어 바위산에 조각된 미국 대통령 중 한 명인 제퍼슨(Thomas Jefferson, 3대 대통령, 재임기간 1801~1809년)은 미국 독립선언서(The Declaration of Independence)의 작성자로 유명합니다.

그의 또 다른 업적으로는 루이지애나의 광활한 지역을 프랑스로부터 사들여 미국 국토를 두 배로 늘린 엄청난 공을 들 수 있습니다.

미국이라는 신대륙이 발견된 후 미국으로 건너온 이들이 영국 사람 뿐만은 아니었습니다. 네덜란드에서 온 사람도 있었고, 나중에는 프랑스와 스페인에서도 식민지 진출에 뛰어들었습니다.

신생 미국이 영국의 영향력에서 벗어나 점차 세력을 넓혀나갈 때 캐나다에서부터 프랑스 사람들이 내려왔습니다.

그들은 미국 중앙을 동서로 나누는 미시시피 강을 경계로 동쪽은 미국이, 서쪽은 프랑스가 각각 차지하고 있었습니다.

미국으로서는 영국과의 오랜 투쟁 끝에 마침내 독립하여 서부로 영토를 넓혀가는 중이었으나 이번에는 프랑스에 막힌 형상이었습니다.

프랑스가 차지한 미시시피 강 서쪽을 루이지애나 지방이라고 불렀는데 프랑스 왕 루이 14세의 이름을 따서 지은 것입니다.

당시의 루이지애나 지방은 현재 루이지애나 주와 비교할 수 없이 넓은 지역이었습니다. 그것은 현재의 루이지애나를 비롯해서 아칸소, 오클라호마, 미주리, 사우스 노스 다코타, 아이오와, 네브라스카, 캔사스, 미네소타, 콜로라도, 와이오밍, 몬태나 등 자그마치 13개 주의 땅이었습니다.

미국은 처음에는 그 넓은 루이지애나 지방 전체를 얻을 생각을 못했습니다. 다만 루이지애나의 가장 큰 도시인 뉴올리언즈(당시 이름은 Orleans, 불어로 '오를레앙')만 있어도 좋겠다고 생각했습니다.

왜냐하면 뉴올리언즈는 미시시피 강과 바다가 만나는 어귀에 위치해 있고, 미시시피 강은 운송과 교역에 대단히 중요한 요충지였기 때문입니다.

미국은 프랑스에 사람을 보내어 협상했습니다.

프랑스가 안 팔겠다고 하면 어떻게 하나 고민했지만 당시 프랑스를 통치하던 나폴레옹은 의외로 순순히 팔겠다고 했습니다. 뿐만 아니라 그 넓은 루이지애나 땅 전체를 살 마음이 없느냐고 했습니다.

아니, 뉴올리언즈만 사도 감지덕지인데 언감생심 루이지애나 땅 전체를 팔겠다니… 그들은 쾌재를 불렀습니다.

본토로부터 6,000마일이나 떨어진 곳에 있는 식민지를 관리하기에는 군대의 주둔비용 등 유지비가 너무 많이 든다는 것과, 미국이 영국으로부터 독립해내는 것을 보니 언젠가는 엄청난 전쟁을 겪을 것이 분명하다고 판단한 프랑스는 값 좋을 때 파는 것이 낫겠다고 생각했습니다. 그 땅의 가치를 몰랐기 때문에 이런 인류 역사상 가장 크고 가장 황당한 거래를 허용한 것입니다.

1802년, 프랑스는 그 넓은 루이지애나 땅을 1,500만 달러에 팔았습니다. 계산하면 에이커당 5센트입니다.

매매가 이루어진 후에 미국에서는 어처구니없는 일이 벌어졌습니다. 그것은 다름 아니라 미국 의회가 쓸데없는 땅을 사들였다고 공격한 것이었습니다.

그들도 그 땅의 가치를 모르기는 마찬가지였던 모양입니다. 마치 60년 후에 알래스카 땅을 사들일 때처럼 말입니다.

땅을 가치를 알지 못하는 데다가 트집 잡기 좋아하는 정치판의 속성상 얼마나 쓸모없는 논쟁이 벌어졌는지는 쉽게 짐작할 수 있을 겁니다.

멀리 내다보는 안목이 없어 천추의 한이 될 만한 일을 아무렇지도 않게 저지르기도 하고, 어떤 찬사와 서훈도 모자랄 값진 일을 귀하게 여기지 않았습니다.

보물을 싸구려로 여기는 어리석음이 이뿐이겠습니까?

# 부~자 되세요!

재벌들의 이야기는 보통 사람들에게는 언제나 특별합니다.

남다른 재능으로 돈을 모은 사람들이기에 그 능력이 돋보일 뿐만 아니라 그 큰 규모의 기업을 운영해내는 것도 보통 사람에게는 엄두가 나지 않는 일입니다.

아메리칸 드림을 이룬 사람 중의 하나인 카네기(Andrew Carnegie, 1835-1919년)는 열두 살 때 스코틀랜드에서 이민 와서 제철소를 운영하여 큰돈을 벌었습니다. 그는 돈을 벌기 위하여 수단방법을 가리지 않은 것으로 유명한데 정치인을 매수하여 독점을 유지했고, 가난한 노동자들의 임금을 제대로 주지 않는 오점을 남겼습니다. 비록 카네기재단을 세워 엄청난 액수의 기부금을 냈지만 그의 경영철학 점수는 박할 수밖에 없습니다.

카네기처럼 독점으로 부를 축적한 또 다른 사람은 록펠러(John D. Rockefeller, 1839-1937년)입니다.

그는 미국 정유소의 95%를 지배하는 성공을 이루었으나 불공정한 방법으로 경쟁회사들을 쓰러뜨렸던 점에서 카네기와 다를 바가 없습니다.

금융분야에서 큰 성공을 거둔 J. P. 모건(John Pierpont Morgan, 1837-1913년)도 불법 로비와 노동자들에게 최저임금만 주는 방식으로 축재한 것은 카네기나 록펠러와 조금도 다르지 않습니다. 공교롭게도 이 세 사람은 돈을 주고 병역을 면제받은 것도 똑같은데 그들의 화려한 성공 이면에 지탄받을 만한 부도덕한 일들이 있다는 것이 아쉽습니다.

한국사람 중에 조선 순조 때 인삼 무역을 해서 막대한 돈을 번 임상옥<sup>(1779-1885년)</sup>은 조선 최고의 부자였으나 모든 상인들에게 존경받았습니다. 그의 삶은 책과 TV 드라마 "상도"를 통해서 잘 알려졌는데 재물보다 사람을 더 귀하게 여겼던 경영철학이 돋보입니다. 그가 번 돈을 어려운 사람을 위해 쓴 것이나 천한 장돌뱅이 출신으로서 군수와 부사<sup>府使</sup> 벼슬을 얻은 것은 인간승리의 전형이요, 적선에 대한 보상이 아니겠습니까?

한국의 부자 중 경주 최부자 일가 이야기만큼 화제가 되는 사례도 없습니다.

10대 300년간을 만석꾼 집안으로 이어온 비결은 몇 권의 책 『경주 최부잣집』<sup>(전진문)</sup> 등으로도 알려졌고, 심지어 대학교수의 논문 『경주 최부자의 경영 사상 및 형성 배경과 내용』<sup>(최해진)</sup>도 있습니다.

'부자가 되는 법', 그리고 그보다 더 중요한 '부자로 사는 법'을 가르쳐주는 이들의 지혜로운 이야기에는 다음의 몇 가지 원칙이 있습니다.

첫째, 흉년에는 땅을 사지 말라. 남의 원한을 사면서 부자가 되지 말라는 것이지요.

둘째, 만석 이상은 모으지 말라. 돈을 버는 데는 한계가 있어야 한다는 것이겠지요.

셋째, 과객을 후하게 대접하라. 과객을 대접하는 것은 고유의 미덕이면서 동시에 그들을 통해서 정보도 얻고 좋은 소문도 얻은 것 같습니다.

넷째, 사방 100리 안에 굶어죽는 일이 없게 하라. 못사는 이웃을 살피라는 말인데 그야말로 '가진 자의 사회적 책임'을 뜻하는 노블리스 오블리제(Noblesse Oblige)라고 할 수 있겠죠.

다섯째, 과거를 보되 진사 이상은 하지 말라. 정쟁에 휘말리면 모든 것을 잃는 시대이니 재물을 지키기 위해서는 명예를 버리라는 이야기입니다.

여섯째, 며느리는 시집 와서 3년 동안 무명옷을 입어라. 이것은 부잣집에 시집 온 며느리에게 검소함을 가르치고자 하는 지혜일 것입니다.

부자가 되는 것은 좋은 일입니다. 마음뿐만 아니라 재물도 나눌 수 있기 때문입니다. 성경은 불의한 재물과 목적이 불순한 축재를 경계하지만, 바른 신앙을 가진 이들에게 '부'는 하나님의 축복이었습니다.

영적인 원리로 권합니다. 부~자 되세요!

# 바베트의 만찬

덴마크의 어느 가난한 어촌 마을 노르 보스부르그에 엄격한 목사 로렌즈 로웬히엘름이 살고 있었습니다.

그의 교회는 루터교회의 한 분파로 금욕주의적 성격을 띠고 있었는데 철저하게 세상을 등지는 신앙생활을 했습니다. 의복은 검은 색 일색이고, 음식은 에일 맥주를 섞은 물에 빵을 넣고 끓여 만든 죽과 삶은 대구가 전부였습니다.

주일이면 예배당에 모여 몇 명 안되는 나이 많은 신도들과 예배를 드리는데 주로 부르는 찬송이 "하늘가는 밝은 길이" 같은 종류로 그들의 신앙의 색채는 한마디로 이 땅에서 사는 삶의 의미는 오로지 하늘나라만 바라보며 잠시 머물다가 지나가는 것이라는 식입니다.

로렌즈 목사는 부인이 죽은 후 혼자 살고 있었는데 그에게는 딸이 두 명 있었습니다. 큰 딸의 이름은 마르틴느, 종교개혁자 말틴 루터의 이름에서 따왔고, 둘째 딸의 이름은 필리파인데 그것도 말틴 루터의 제자 필립 멜랑톤의 이름에서 따왔습니다.

두 자매는 자라서 눈부시게 아름다운 처녀가 되었는데. 아버지의 엄격한 신앙을 그대로 이어받았음은 물론입니다.

그러던 어느 날 첫째 딸 마르틴느가 어떤 젊은 기병대 장교의 청혼을 받았는데 홀로 된 아버지를 보살펴드려야 하고, 또 결혼해서 가정을 갖는다는 것은 세상의 쾌락을 좇는 것이 아닌가 하는 생각에 거절했습니다.

둘째 딸 필리파는 용모뿐만 아니라 기가 막힌 목소리를 가지고 있었습니다. 마치 천상의 소리와 같다고나 할까요?

당시 프랑스에서 가장 유명한 오페라 가수 아쉴 파펭이 우연히 그 해안 마을에 휴양 차 왔다가 필리파의 아름다운 목소리를 듣고 놀라며 오페라 가수가 되기를 간청했지만 필리파와 그의 아버지는 오직 신앙적인 이유로 그 제의를 거절했습니다.

화려한 무대에서 요란하게 분장을 하고 남자의 품에 안겨 오페라 아리아를 부른다는 것이 이제껏 금욕적 삶을 산 그들에게는 받아들여질 수 없는 것이었겠죠. 무지인지 외곬인지 그들의 신앙은 그러했습니다.


그 후 15년이 지났습니다.

아버지 로렌즈 목사는 죽고, 두 자매는 아버지의 뜻을 따라 교회를 이끌며 중년의 나이가 되었습니다.

어느 날 바베트라는 프랑스 여자가 그 집에 찾아왔습니다. 그녀는 프랑스 내전에서 남편과 아들을 잃고, 자기도 쫓겨서 피신한 것이었습니다. 하녀로라도 좋으니 제발 머물게 해달라고 부탁해서 그러자고 했고, 그녀는 그로부터 12년 동안 두 자매와 함께 지내게 되었습니다.

그러던 어느 날 바베트는 친구를 통해 산 복권이 당첨되어 거금 1만 프랑이 생겼다고 말합니다. 그리고는 돌아가신 로렌즈 목사의 100주년 기념 생일 만찬을 자기가 준비하겠다고 했습니다.

뭘 할 줄이나 알겠는가 생각하며 그러라고 했더니 바베트는 며칠 동안 준비하느라고 분주했습니다.

마침내 바베트의 만찬이 차려졌습니다.

바베트는 그들이 생전에 듣지도 보지도 못한 최고의 음식을 만들었습니다. 사실 바베트는 전에 파리에서 가장 명성있는 식당의 유명한 주방장이었습니다.

놀라운 것은 그들이 그 만찬을 먹으며 교제하는 동안 그들의 마음이 열리기 시작했다는 것입니다.

로렌즈 목사가 죽은 후 신도들끼리 사이가 나빠지기도 하고, 말도 안하고 지내던 사람들도 있었는데 만찬을 통해서 서로 용서를 구하고 화해하고 돌아갔습니다.

후에 바베트가 엄청난 거금 1만 프랑을 만찬 음식을 만드는데 다 써버렸다는 것을 안 자매는 깜짝 놀랐습니다. 하지만 정성껏 만들어 베푼 바베트의 섬김으로 인해 신도들의 화해가 시작되었습니다.

아이작 디네센의 소설 「바베트의 만찬」(Babette's Feast, 1958년)은 1987년에는 영화로도 만들어졌습니다.


음식 얘기, 신앙 얘기 등 메시지는 여럿입니다만 우선 향유옥합을 깨뜨린 죄 많은 여자가 생각나지 않습니까?

마음을 움직이게 하는 희생과 섬김 말입니다.

# 맛디아 이야기

맛디아 클라우디우스(Matthias Claudius, 1740~1815년)는 문재文才가 뛰어난 독일의 시인입니다.

그는 경건한 루터교 목사의 아들로 태어났으며, 어릴 때부터 철저한 신앙교육을 받았습니다. 그래서 대학에 들어가서 처음에는 신학을 공부하고 나중에는 법률과 문학을 공부했습니다. 이 시기에 그는 진보주의 사상을 가진 사람들과 어울렸는데 그 중에는 자유분방한 생활로 유명한 괴테가 있습니다.

불행하게도 그는 이 때, 어릴 때 배운 신앙을 버리게 되었고, 점점 더 나아가 세속적 철학에 깊이 빠져들어 기독교 신앙을 완전히 부인하는 지경이 되었습니다.

대학을 졸업한 후 그는 일간신문(Wandsbecker Bote)의 편집장을 거쳐 헷세 다름슈타트시의 농업정책을 총괄하는 농정국장(Commissioner of agricultures)이 되었습니다.

그는 신앙이 없었습니다. 그래서 농사란 얼마나 땀 흘려 수고하느냐에 따라 수확이 결정되는 과학이고, 씨를 뿌리고 물을 주면 당연히 열매를 거둘 수 있다고만 믿었습니다.

신앙이 없어도 자연의 원리에 의해서 수고한 만큼 거두는 것은 일반적인 이치입니다만 그러나 그게 전부일까요?

얼마 후 우연인지 필연인지 그의 동생이 갑자기 폐병이 들어 젊은 나이에 요절하고, 미처 슬퍼할 겨를도 없이 자신도 폐병을 앓게 되었습니다.

요즘에는 폐결핵이 대수롭지 않은 병이지만 당시만 해도 폐병은 걸렸다 하면 죽는 무서운 병이었습니다.

그는 병이 깊어짐에 따라 죽음을 생각하게 되었고, 피를 쏟는 고통 중에 하나님을 생각하게 되었습니다. 전에는 생각지도 않았던 하나님의 은총이나 기적만이 자기를 살릴 수 있으리라는 생각을 했고, 그 절실한 마음이 어릴 때 가졌던 믿음을 되찾게 했습니다. 얼마 후 다행스럽게도 그는 기적적으로 살아났고, 그 후 그는 신앙의 사람이 되었습니다. 그리고 이제는 농사일에도 하나님의 손길이 있음을 깨닫게 되었습니다.

그는 주옥같이 아름다운 시를 많이 남겼습니다. 그러나 그가 남긴 작품 중에 가장 유명한 것은 찬송가 "저 밭에 농부 나가"(We plow the fields, and scatter, 찬송가 310장)입니다.

이 작품은 사실은 자신의 창작이 아니라 농부들이 추수하면서 불렀던 노래(Peasant's Song)를 찾아 정리한 것입니다.

이 노래는 원래 17절로 되어 있었는데 매 절마다 독창에 이어 다같이 후렴을 부르는 노동요勞動謠로 추수 감사 축제 때 농부들이 불렀던 노래입니다.

신앙이 없던 시절에는 눈과 비, 햇빛과 바람이 하나님의 손길이라는 것을 알지 못했습니다. 그러나 이제는 알았습니다. 농부가 씨를 뿌린 후 물도 주고 비료도 주지만 정작 자라게 하는 것은 하나님의 손길이라는 것을.

신앙이 있는 사람은 당연한 일이지만 그에게는 인생의 곡절을 겪고서야 터득한 유일한 것이었습니다. 후렴만 볼까요?

온갖 귀한 선물 All good gifts around us
주님이 주신 것 Are sent from heaven above,
그 풍성 하신 은혜를 Then thank the Lord, O thank the Lord
다 감사 드리세 For all His love.


수확이 하나님이 주신 선물이라고요?
그것이 하나님의 사랑이니 감사하라고요?
땀은 내가 흘렸고, 수고도 내가 했는데 말입니까?
신앙의 눈으로 보면 감사할 것뿐입니다.
세상 돌아가는 것은 우연히, 혹은 자연히 되어지는 것 같아도 거기에는 하나님의 손길이 있습니다.
파수꾼이 깨어 있으면 성을 지킬 수 있습니다. 그러나 성경은 하나님이 지켜주시지 않으면 파수꾼이 아무리 깨어 지켜도 헛일이라고 말씀합니다(시편 127편 1절).